Ulrike Strätling

So ein schöner Tag

Vorlesegeschichten für Menschen mit Demenz

BRUNNEN
Verlag GmbH · Giessen

MIX
Papier | Fördert gute Waldnutzung
FSC® C083411

9. Auflage 2025

Gottlieb-Daimler-Str. 22, 35398 Gießen
www.brunnen-verlag.de; info@brunnen-verlag.de
Lektorat: Eva-Maria Busch
Umschlagfoto: Shutterstock
Umschlaggestaltung: Ralf Simon
Satz: DTP Brunnen
Druck: CPI Books Deutschland
ISBN 978-3-7655-4253-4

Inhalt

Ein alter Koffer erzählt

Guten Tag, darf ich mich vorstellen? Ich bin Hugo, ein alter, sehr alter Koffer – äh – Lederkoffer. Auf die Bezeichnung „*Lederkoffer*" lege ich großen Wert. Nicht alle von uns sind aus edlem Leder – und dann noch in Braun, so wie ich. Viele Koffer werden auch aus Kunstleder, Kunststoff oder Stoff hergestellt. Die sind dann preiswerter.

Ich wurde einst aus kräftigem Rindsleder gefertigt. Ich hatte einen Griff und zwei blanke Schnappverschlüsse. Mein Kofferträger (so nenne ich den Mann, der mich gekauft hat) und ich – also wir zwei waren ein durchaus elegantes Gespann. Zusammen gingen wir mehrmals im Jahr auf Reisen. Diese Reisen führten uns in viele Länder. Nach England, nach Amerika, nach Norwegen, nach Spanien, nach Italien, nach Afrika und nach Ägypten. Bestimmt habe ich einige Länder vergessen zu erwähnen, auf jeden Fall sind wir um die halbe Erdkugel gereist. Für die andere Hälfte der Erdkugel reichte die Zeit nicht mehr, denn wir wurden älter und setzten uns irgendwann zur Ruhe.

Ich denke gern an die alten Zeiten zurück. Vor allem an die vielen Abenteuer, die wir gemeinsam erlebt haben. Da fällt mir spontan etwas Aufregendes, ja sogar etwas Gefährliches ein, das ich erlebt habe. Besser gesagt: überlebt habe. Ich erzähle es mal …

Die Reise führte uns seinerzeit nach Afrika. Mein Kofferträger und ich wurden am Flugplatz abgeholt.

Dann ging es weiter in einem großen Geländewagen, den man Jeep nennt. Heia Safari – nun ging es durch die Steppe. Wir fuhren durch Schlaglöcher, sodass es mächtig holperte. Plötzlich verlor ich den Halt … und fiel aus dem Jeep. Plumps! Da lag ich im Sand. Um mich herum gab es nur Gras, Sand, ein paar Büsche, dürre Bäume und in der Ferne war der Dschungel zu sehen.

Der Jeep fuhr weiter, ohne mich. Die heiße Mittagssonne schien gnadenlos auf mich herab und mein Leder schwitzte mächtig. Ich hörte das Gezwitscher vieler Vögel, ich hörte einen Affen kreischen, ich hörte einen Löwen brüllen und ich hörte ein Zischen. Ein Zischen? Es war ganz nah und kam immer näher und noch etwas näher – und schlängelte sich schließlich an mir hoch. Eine große Schlange umschlängelte mich und ließ sich auf mir nieder. Sie rollte sich genüsslich zusammen, um ein Schläfchen in der Sonne zu halten. Ich wagte nicht einmal mehr zu atmen. Der Jeep war schon sehr weit fort und von meinem Kofferträger war weit und breit nichts zu sehen.

So fügte ich mich schon in mein Schicksal und wollte mich gerade von der Zivilisation verabschieden, da hörte ich ein fürchterliches Dröhnen. Es klang wie Donnerschläge, doch von einem Gewitter war nichts zu entdecken. Zu den gewaltigen Donnerschlägen, die immer näher kamen, gesellte sich ein Schnauben. Es war ein unheilvolles, wuchtiges Schnauben. Und auch das kam immer näher und wurde immer lauter.

Die Schlange richtete sich blitzschnell auf und suchte

das Weite. Aber darüber konnte ich mich gar nicht freuen. Denn was kam da auf mich zugestürmt? Ein Nashorn! Schnaubend rannte es auf mich zu und wirbelte dabei eine Menge Staub auf. Eine fürchterliche Angst überfiel mich.

Das Tier rammte sein spitzes Nashorn in mein Leder. Ich blieb vorne auf dem Horn stecken. Das Nashorn warf seinen Kopf hin und her und dann flog ich durch die Luft. Ich flog in hohem Bogen und landete in einem Baum. Dort blieb ich an einem Ast hängen. Das Nashorn trottete weiter und ich hing im Baum – die ganze Nacht hindurch. Ich war verzweifelt. Was sollte nur aus mir werden?

Doch es wurde alles gut. Am nächsten Morgen hörte ich ein Motorengeräusch. Ein Auto? Ja, ein Jeep näherte sich. Und wer saß darin? Mein Kofferträger! Er sah mich im Baum hängen, holte mich herunter und schloss mich glücklich in die Arme.

Das Loch im Leder, das ich dem wütenden Nashorn verdankte, überklebte mein Kofferträger mit einem bunten Aufkleber aus Afrika. Allerdings war auf dem Bild ein Nashorn zu sehen ... Das fand ich nicht so schön!

So ist diese Geschichte, wie viele andere auch, noch einmal gut ausgegangen. Ich habe daraus gelernt, dass man niemals aufgeben sollte. Es gibt immer Hoffnung!

Wo ist das Meer?

Es war noch Winter und bitterkalt. Die Temperaturen lagen täglich unter null Grad. Herr und Frau Gierschke saßen in der warmen Stube. Frau Gierschke runzelte ihre Stirn, denn sie dachte gerade intensiv nach. Als sie fertig war mit Nachdenken, sagte sie: „Hör mal, wohin sollen wir denn im nächsten Sommer verreisen?“

„Brr! Wie kannst du bei dieser Kälte nur an Urlaub denken?“ Herr Gierschke klapperte laut mit den Zähnen. Das machte er natürlich extra und Frau Gierschke musste lachen. Sie runzelte wieder die Stirn und meinte: „Ich war noch nie in Ostfriesland. Ich würde so gern mal dort hinfahren – aber direkt ans Meer.“ Träumerisch sah sie ihren Mann an.

Herrn Gierschkes Augen fingen an zu strahlen. „Da war ich auch noch nicht“, sagte er. „Und die Nordsee habe ich auch noch nie gesehen. Gleich morgen buche ich uns eine kleine Ferienwohnung.“

Und genau das tat er auch.

Als es endlich Sommer wurde, fuhren die Gierschkes los. Nach drei Stunden Autofahrt kamen sie bei strahlendem Sonnenschein in Ostfriesland an. Schnell luden sie ihr Gepäck aus. Frau Gierschke erkundigte sich nach dem Weg zum Strand. Kurze Zeit später ging es los Richtung Meer.

Herr Gierschke war voller Vorfreude. Gleich würde er zum ersten Mal die Nordseewellen rauschen hören! Er würde das weite blaue Meer sehen, das bis zum

Horizont reichte. Vielleicht war in der Ferne ja auch ein großer Dampfer unterwegs?

„Wo ist denn endlich das Wasser?“, fragte er ungeduldig.

„Gleich hinter dem Deich“, antwortete seine Frau, die die Nordsee schon von der holländischen Küste kannte.

„Schließ die Augen“, sagte Frau Gierschke, „gleich sind wir da. Ich führe dich, nimm meine Hand.“

Herr Gierschke schloss brav die Augen, nahm die Hand seiner Frau und ging voller Vertrauen neben ihr her. Als sie oben auf dem Deich standen, sagte Frau Gierschke: „Wir sind da. Du kannst die Augen wieder öffnen.“

Herr Gierschke gehorchte. Er musste erst etwas blinzeln, weil die Sonnenstrahlen ihn blendeten. Doch als die Augen sich an das Licht gewöhnt hatten, ließ er seinen Blick schweifen.

„Oh!“, sagte er. Und noch einmal: „Oh!“ Er blickte sich um. „Wo ist denn das Wasser? Das Meer ist weg!“

Frau Gierschke sagte schmunzelnd: „Wir haben gerade Ebbe, aber das Wasser kommt zurück, wenn die Flut kommt.“

„Wann?“

„Ich weiß es nicht genau.“

„Dann warten wir“, meinte Herr Gierschke und setzte sich auf eine Bank. „In zwei Tagen werde ich sechzig. Bis dahin wird das Wasser ja wohl wieder da sein.“

Es war wie üblich sehr windig am Meer. Durch die frische Brise standen Herrn Gierschkes Haare zu Berge. Doch das Wetter war klar, kaum ein Wölkchen zog über den Himmel. Der Blick zu den Inseln war frei. Norderney sah zum Greifen nah aus, als könnte man zu Fuß hinübergehen. Weit und breit war kein Meer zu sehen. Stattdessen gab es Schlick, Muscheln und Wattwürmer. Darüber kreisten Dutzende von Möwen.

„Frag doch mal jemanden, wann das Meer zurückkommt", sagte Herr Gierschke nach einer Stunde. Niemand wusste etwas Genaues. Noch eine Stunde verging und immer noch wartete Herr Gierschke sehnsüchtig auf die Flut – aber die ließ auf sich warten. Stunde um Stunde verging. Herr Gierschke bekam Hunger.

Am späten Nachmittag kam das Meer tatsächlich langsam zurück, begleitet von einem heftigen Wind. Aber da waren die Gierschkes schon nicht mehr am Strand. Zerknirscht war Herr Gierschke zurückgelaufen.

Am Abend, als sie in ihren Betten lagen, dankte Herr Gierschke dem lieben Gott für den schönen ersten Urlaubstag. Und er bat darum, doch morgen ganz bestimmt das Meer sehen zu dürfen.

Frau Gierschke war gerührt und versprach ihrem Mann, dass sein Wunsch ganz gewiss in Erfüllung gehen würde. „Das Wasser kommt immer wieder", erklärte sie. „Wo soll es denn auch hin? Die Gezeiten sind dafür verantwortlich. Zwischen Ebbe und Flut liegen immer viele Stunden. Du wirst es morgen sehen."

Herr Gierschke seufzte: „Dann ist es ja gut. Gute Nacht."

Von was hat Herr Gierschke in dieser Nacht wohl geträumt? Richtig: vom großen weiten Meer und von brausenden Wellen.

„Darf ich mal kosten?"

Pünktlich zum ersten Advent wurde der Weihnachtsmarkt eröffnet. Schon früh am Morgen herrschte reges Treiben zwischen den bunten Ständen. Auch Eduard Kroll, der von allen Eddi genannt wurde, zog es auf den Weihnachtsmarkt. Er wollte ein bisschen bummeln, schauen, was es so alles gab, und dabei in Weihnachtsstimmung kommen.

Leider hatte Eddi eine ziemlich unangenehme Angewohnheit. Welche Angewohnheit, möchten Sie wissen? Nun, Eddi probierte gern von all den Leckereien an jedem Stand. Umsonst natürlich! Er selbst nannte es Sparsamkeit, wenn er sich auf anderer Leute Kosten mal ordentlich satt essen konnte. So brauchte er zu Hause nichts mehr zu kochen.

Hmm! Auf dem Weihnachtsmarkt roch es verführerisch zwischen den Ständen. Hmm! Der würzige Duft von Reibekuchen zog ihm in die Nase. Hmm! Leckerer Bratwurstduft! Hmm! Dort gab es süße Bratäpfel und

Maronen ... Hmm! Irgendwo wurden Waffeln gebacken ... Eddi bekam Hunger. Langsam, aber zielbewusst schlenderte er auf den Waffelstand zu.

Die Dame am Stand fragte: „Darf es eine leckere Waffel sein, mein Herr?"

Eddi antwortete: „Kann ich erst mal probieren, bevor ich sie kaufe?"

Die Dame sagte: „Ausnahmsweise, mein Herr", und reichte Eddi eine duftende Waffel. Eddi biss hinein und schloss die Augen. „Mh, sehr köstlich", meinte er.

„Nun, mein Herr, möchten Sie die Waffel jetzt kaufen?", fragte die Dame freundlich.

„Später", versprach Eddi. „Ich überlege es mir noch." Eilig lief er weiter. Die freundliche Dame schaute ihm verdutzt hinterher.

Eddi schlenderte weiter durch die Gänge. Doch für die schönen Weihnachtsartikel hatte er gar kein Auge. Er ließ sich von seiner Nase leiten ... und die führte ihn zu den Reibepfannkuchen.

Eine junge Frau am Stand fragte: „Wie viele dürfen es sein?"

Eddi schaute die Dame lächelnd an. „Darf ich erst einen probieren? Schließlich kauft man nicht gern die Katze im Sack."

„Ausnahmsweise", meinte die junge Frau und reichte Eddi einen Reibepfannkuchen. Eddi biss hinein und schloss die Augen. Hmm! Er ließ den knusprigen Reibepfannkuchen langsam auf der Zunge zergehen. Köstlich! Dann meinte er: „Ich komme später wieder."

Auch diese Verkäuferin schaute ihm verdutzt hinterher.

Nun führte Eddis Nase ihn zu den Bratwürsten. Hmm, die dufteten!

„Eine Bratwurst im Brötchen, der Herr?“, fragte der Verkäufer.

„Eigentlich gern. Aber ich weiß nicht, ob ich die Wurst vertrage. Kann ich erst mal probieren?“, fragte Eddi mit unschuldiger Miene.

„Also, das ist eigentlich nicht üblich. Aber heute will ich mal eine Ausnahme machen.“ Der Verkäufer reichte Eddi eine halbe Wurst.

Eddi biss hinein und schloss die Augen. Mmh, lecker! Aber dann meinte er: „Ach, ich glaube, ich vertrage die Wurst nicht. Danke schön.“ Geschwind lief er weiter.

Anschließend wollte er Kuchen, sozusagen als Nachtisch. Seine Nase führte ihn richtig, denn er kam am Apfelkuchenstand an. „Großmutters Apfelkuchen“ stand auf einem Schild. Eddi lief schon das Wasser im Mund zusammen.

„Der sieht aber lecker aus. Kann ich wohl ein Stück kosten, bevor ich kaufe?“, fragte Eddi und schenkte der Verkäuferin einen charmanten Augenaufschlag.

Die Dame konnte dem Blick nicht widerstehen und meinte: „Aber gern. Ist alles selbst gebacken.“ Dann reichte sie Eddi ein großes Stück Apfelkuchen.

Eddi biss hinein und schloss die Augen. „Mmh, köstlich, wunderbar! Oh, jetzt habe ich so schnell gegessen und geschluckt, dass ich den Geschmack nicht richtig gespürt habe. Darf ich noch ein Stück ...?“ Er konnte den Satz nicht zu Ende sprechen, denn auf einmal wurde ihm übel. Sein Magen begann sich zu drehen und er befürchtete das Schlimmste. Wortlos eilte er nach Hause. Und auch diese Verkäuferin schaute ihm verdutzt hinterher.

Eddi war drei Tage krank. Sein Bauch war dick und es rumorte kräftig darin. Das war ihm eine Lehre. Nie wieder wollte er so schamlos die Menschen ausnutzen und überall schnorren gehen. Denn schließlich mussten die Händler auch von etwas leben. Eddi war vernünftig geworden. Und außerdem wollte er nie wieder alles durcheinander essen.

So ein schöner Tag

Es war ein wunderschöner Sommermorgen. Die ersten Sonnenstrahlen blitzten durch das Schlafzimmerfenster von Otto und Erna. Die Eheleute lagen noch in ihren Betten.

Erna wurde als Erste wach. Gut gelaunt schaute sie in das goldene Sonnenlicht. Dann drehte sie sich zu ihrem Mann um und sagte: „Aufwachen, Ottilein, das wird ein schöner Tag!“ Otto schlug die Augen auf, sah das Sonnenlicht und fing an zu weinen.

„Aber Ottilein, was ist denn daran so traurig?“, fragte seine Frau besorgt.

„Schluchz, schluchz, weil, weil ... weil das so schön ist“, antwortete Otto weinend.

„Ottilein, es ist gerade mal sieben Uhr und du weinst schon. Gestern hast du wenigstens eine halbe Stunde später angefangen zu weinen“, meinte Erna.

Sie wunderte sich über ihren Mann. Immerzu musste er weinen. Das ging nun schon seit einem Jahr so. Dass man bei traurigen Anlässen weinen muss, verstand Erna sehr gut. Aber dass man auch bei fröhlichen Ereignissen weint, vielleicht sogar bei einem Witz, das konnte Erna nicht verstehen.

„Zeit zum Aufstehen“, rief Erna und sprang aus dem Bett. „Ich mach dir dein Lieblingsfrühstück, Rührei mit Schinken. Vielleicht freust du dich darüber.“

Als Antwort hörte Erna nur ein jammervolles Schluchzen. Kopfschüttelnd lief sie in die Küche.

Den ganzen Vormittag hatte Erna in der Küche zu tun: Sie musste das Geschirr spülen, abtrocknen, alles wieder einräumen und das Mittagessen kochen. Pünktlich um zwölf Uhr konnte gegessen werden.

Aus der Küche heraus rief Erna: „Ottilein, das Essen ist fertig. Bei dem schönen Wetter können wir auf dem Balkon essen. Bring schon mal die Teller raus!“

Otto kam angeschlurft. „Was gibt es denn?“, fragte er neugierig.

„Schweinebraten mit Semmelknödeln und Salat. Das magst du doch so gerne.“

„Oje, oje, mamamia, ich muss schon wieder weinen", sagte Otto. Und kaum hatte er den Satz zu Ende gesprochen, da kullerten schon die Tränen über seine Wangen. Er schluchzte herzerweichend, als er sich auf dem Balkon an den Tisch setzte. Eine dicke Träne platschte auf seinen Teller. Erna musste ein Geschirrhandtuch holen.

Weinend kaute Otto den Schweinebraten und Erna schüttelte verzweifelt den Kopf. Da saßen sie nun gemütlich auf ihrem schönen Balkon und konnten die Vögel zwitschern hören. So gut hatten sie es. Die Blumen blühten und dufteten, die fleißigen Bienen summten drum herum ... kurz: Es war ein wundervoller Sommertag – und Otto weinte. Das musste doch einmal ein Ende haben!

Wie gern wäre Erna am Nachmittag mit ihrem Otto spazieren gegangen. Aber sicherlich würde er die ganze Zeit weinen. Und dann die Blicke der Leute ... Nein, lieber nicht!

Als Erna und Otto an diesem Abend im Bett lagen, sagte Erna: „Ottilein, morgen kommt unsere Tochter zu Besuch." Sicherlich würde Otto sich darüber freuen. Solche Überraschungen liebte er.

Ja, Otto freute sich. Er freute sich so sehr, dass er anfing zu weinen. Stunde um Stunde verging, und er weinte immer noch. Um drei Uhr in der Nacht hielt Erna es nicht mehr im Schlafzimmer aus. Sie nahm ihr Kopfkissen und legte sich im Wohnzimmer aufs Sofa. Durch das Fenster sah sie den klaren Sternenhimmel.

Plötzlich fiel Erna ein, dass es dort oben ja den lieben

Gott gab. Vielleicht konnte der ihrem Otto helfen? Sie wusste sich keinen anderen Rat und deshalb bat sie den lieben Gott inständig um Hilfe. „Bitte, lieber Gott, mach doch, dass mein Otto wieder lachen kann“, betete sie.

Am nächsten Tag kam die Tochter zu Besuch. Bis dahin hatte Otto schon wieder dreimal geweint. Erna war enttäuscht. Doch als die Tochter den Vater herzlich begrüßte und ihn umarmte, da war Otto plötzlich wie umgewandelt. Er lachte und scherzte, er ulkte und machte Späße. Keine einzige Träne war weit und breit zu sehen ... Das musste gefeiert werden.

Erna holte die Flasche mit dem Eierlikör aus dem Kühlschrank und Likörgläser aus der Vitrine. Jeder bekam ein Gläschen voll eingeschenkt. Dann hob Erna feierlich ihr Glas hoch und sagte: „Danke, lieber Gott.“ Keiner wusste, was sie meinte, und es blieb auch Ernas großes Geheimnis.

Drei Tage Bettruhe

Es fing mit einem leichten Schnupfen an. Dann kam noch ein hartnäckiger Husten hinzu. Doch Theodor war stur und ließ sich nicht helfen. Hustend grub er im Garten einige Beete um. Der Kopf tat ihm weh, doch er pflanzte und säte. Er wollte später Kartoffeln, Möhren,

Kohlrabi und Salat ernten. Seine Erkältung nahm er nicht ernst.

Theodors Frau Tilde schimpfte: „Du bist ein alter Hornochse. Wenn du dich nicht schonst, wirst du bald krank im Bett liegen. Du holst dir noch den Tod."

„Ich bin abgehärtet, mach dir mal keine Sorgen um mich. Hatschi! Mich haut so schnell nichts um. Hatschi", sagte Theodor. Zwischendurch musste er immer kräftig niesen.

„Wir werden ja sehen", meinte Tilde. Ein stürmischer Wind kam plötzlich auf und nur wenige Minuten später regnete es heftig. Klatschnass kam Theodor ins Haus.

Am nächsten Morgen ging es ihm sehr schlecht. Fieber schüttelte ihn, der Husten war schlimmer geworden und der Kopf tat noch mehr weh. Die Nase lief ununterbrochen. Theodor glaubte, dass sein letztes Stündchen geschlagen hatte. Er konnte nicht einmal aus dem Bett aufstehen.

„Tilde, hilfst du mir mal bitte, ich muss zur Toilette! Tiiilde, ich muss ganz dringend!", rief er klagend.

„Du bleibst hübsch liegen. Ich bringe dir die Bettpfanne", antwortete Tilde. Sie klang sehr energisch.

Theodor bekam große Augen. Mit so etwas hatte er nicht gerechnet. „Eine Bettpfanne?", fragte er ungläubig. „Soll ich etwa im Bett kochen?"

„Nein! Pippi machen!"

„Mach ich nicht. Dann bring mir doch bitte etwas zu trinken", bat Theodor.

Tilde kam mit einer Schnabeltasse zurück. Es roch nach Pfefferminztee. Theodor bekam erneut große Augen.

„Eine Schnabeltasse? Ich bin doch keine Ente."

„Nein, eine Ente bist du nicht, aber im Liegen trinkt es sich nun mal besser aus einer Schnabeltasse", belehrte ihn Tilde.

„Dann trinke ich nichts", schnaubte Theodor wütend.

„Wie du willst", meinte Tilde und verschwand in der Küche.

Kurz darauf kam sie mit einem Marmeladenbrot zurück, fein säuberlich in kleine Häppchen geschnitten. Tilde setzte sich auf den Bettrand. „Mund auf", befahl sie und hielt Theodor ein Häppchen unter die Nase.

„Was soll denn das schon wieder? Ich bin doch kein Baby", schmollte Theodor.

„Dann eben nicht", sagte Tilde und wollte wieder gehen.

„Halt!", rief Theodor. „Ich muss dringend aufs Klo, außerdem habe ich Durst und Hunger. Aber ich will keine Bettpfanne, keine Schnabeltasse und keine Häppchen!" Er stöhnte.

Tilde sah ihn mitleidig an und sagte: „Also gut, wenn du unbedingt noch kränker werden willst, dann helfe ich dir auf."

Theodor musste wieder husten und dabei tat ihm der Kopf schrecklich weh. Die Glieder waren wie Blei und dazu lief die Nase wie ein Sturzbach im Gebirge. Er ließ sich wieder ins Kissen fallen und seufzte. „Also gut, dann schieb mir mal die Bettpfanne unter den Hintern."

Und siehe da, es ging. Kleinlaut bat er nun, aus der Schnabeltasse trinken zu dürfen. Und siehe da, es klappte. Dann ließ er sich mit den Marmeladenbrothäppchen füttern. Und siehe da, es schmeckte ihm.

Nach drei Tagen strenger Bettruhe war er schon fast wieder gesund. Wie gut, dass ich meine Frau habe, sagte er sich. Was hätte ich ohne sie gemacht? Ich will in Zukunft mehr auf Tilde hören und besser auf meine Gesundheit achten. Und ich will nie mehr so ein sturer Hornochse sein …

Mach mal ein Foto von mir

Ich bin die Emmi. Eigentlich heiße ich Emilie, aber alle meine Freundinnen nennen mich nur Emmi. Mein Mann heißt Hans, doch ich sage immer „Vati" zu ihm. Ja, und er nennt mich natürlich „Mutti". Das kommt von früher, als unsere Kinder noch zu Hause wohnten. Irgendwie ist das so hängen geblieben.

Ich stricke gerne Socken und manchmal auch Pullover. Vati fotografiert gerne, es ist sozusagen sein Hobby. Er hat einen tollen Fotoapparat. Der war nicht billig, aber er macht sehr schöne Bilder damit. Vati sagt, das ist eine Kamera mit Teleobjektiv. Ich kenne mich damit nicht so gut aus. Jedenfalls sind die Bilder, die er macht, wunderbare Erinnerungen. Ich klebe sie immer in ein Fotoalbum. Dann kann ich sie mir jederzeit ansehen und auch meinen Freundinnen zeigen.

Wenn wir wegfahren, hat Vati seine Kamera immer dabei. Mit Vorliebe knipst er schöne alte Häuser, sehenswerte Kirchen, idyllische Landschaften ... und mich. Vati ist dagegen nie auf einem Bild. Kein Wunder, er gibt seine Kamera nicht aus der Hand. Sie könnte ja kaputtgehen.

Doch eines Tages war das anders. Wir gingen gerade an einem See spazieren. Es war nur ein kleiner, aber sehr hübscher See mitten im Wald. Er war von Bäumen und Schilf umgeben. Mehrere Enten paddelten auf dem Teich herum, leuchtend blaue Libellen schwirrten durch die Luft und die Fische im klaren Wasser schnappten nach Mücken.

Vati setzte sich am Ufer ins Gras. Auf einmal sagte er: „Mutti, mach mal ein Foto von mir."

Ich glaubte mich verhört zu haben, doch Vati reichte mir tatsächlich seine wertvolle Kamera. Er zeigte mir, wo der Auslöser war, auf den ich drücken musste, damit ein Bild aufgenommen wird. Ich war mächtig stolz.

Vati rückte sich in Position. Er rief: „Du kannst mich mit der Kamera auch näher heranholen. Zoomen nennt man das. Rechts oben ist der Hebel dafür."

Ich hatte Vati im Bild, doch das mit dem Zoomen klappte nicht so recht. Es summte zwar, doch Vati ging immer weiter zurück, bis er ganz klein war. Dafür hatte ich ganz viel von der Landschaft im Bild. „Soll ich jetzt knipsen?“, fragte ich.

„Ach, Mutti, was machst du denn?“, rief Vati und stellte mir die Kamera wieder ein. „Fang noch einmal von vorne an. Hier bin ich. Ich bin die Hauptperson und mich sollst du fotografieren. Hallo!“ Er winkte mir zu.

„Ja, schon gut“, sagte ich und nahm ihn ins Visier.

Vati rückte sich in Position und lächelte nett. „Jetzt“, rief er, „drück jetzt auf den Auslöser.“ Seine weißen Zähne leuchteten in der Sonne.

„Wo war noch mal der Knopf zum Knipsen?“, fragte ich, denn ich hatte es inzwischen vergessen. Da waren aber auch so viele Knöpfchen.

„Ach, Mutti, dann lass es mal gut sein“, seufzte Vati und stand auf. Er nahm die Kamera und suchte im Baum eine passende Astgabel. Er klemmte die Kamera dort hinein und rief: „Setz dich schon mal ins Gras. Wir machen jetzt ein Bild mit dem Selbstauslöser. Ich stell nur noch die Kamera ein.“ Vati fummelte noch etwas herum und kam dann zu mir geeilt. Er setzte sich, nahm mich in den Arm und wir lächelten in die Kamera. Dann knipste die Kamera uns – ganz von allein.

Später, als wir das fertige Bild in der Hand hielten, freuten wir uns sehr darüber. Endlich waren wir mal zusammen auf einem Bild. Ich klebte es liebevoll in unser Fotoalbum.

Im Wartezimmer

Es war sieben Uhr am Morgen, als Herr Zwiebel aufwachte. Er reckte und streckte sich ausgiebig und setzte sich dann auf den Bettrand. Herr Zwiebel schaute lustlos umher und seufzte. Er seufzte tief und herzzerreißend. Dann murmelte er: „Ach, wie war das schön, als ich noch zur Arbeit gehen konnte."

Herr Zwiebel war seit sechs Wochen im Ruhestand. Und genau das gefiel ihm überhaupt nicht. Es plagte ihn die Langeweile. Missmutig schlurfte er zum Fenster und sah hinaus. Der Himmel war bewölkt, doch Regen schien es heute nicht zu geben.

„Was soll ich bloß machen?", stöhnte er. Herr Zwiebel lebte allein, er war schon lange verwitwet. „Ich brauche Zerstreuung, etwas Abwechslung, sonst versauere ich in meinen vier Wänden", klagte er.

Als er später bei einer duftenden Tasse Kaffee saß, kam ihm eine Idee. „Ich weiß, was ich mache: Ich gehe zum Arzt. Im Wartezimmer ist immer viel los. Da werde ich Unterhaltung haben, mehr als genug", sagte er und freute sich.

Um Punkt zehn Uhr am Vormittag machte er sich auf den Weg. Während er mit flotten Schritten lief, betete er im Stillen: „Lieber Gott, lass das Wartezimmer proppenvoll sein, damit ich recht lange dort sitzen kann."

Tatsächlich saßen viele, viele Patienten im Wartezimmer. Herr Zwiebel meldete sich bei der Arzthelferin an. Dann nahm er erwartungsvoll auf dem letzten freien Stuhl Platz. Alle stöhnten, weil es so voll war – Herr Zwiebel nicht. Jeder wollte gern als Nächster aufgerufen werden – Herr Zwiebel nicht. Alle wollten möglichst schnell wieder nach Hause – Herr Zwiebel nicht. Er genoss den Geruch von Desinfektionsmittel. Er lauschte auf alle Geräusche im Hintergrund und hörte den Leuten zu, die sich gerade unterhielten.

Neben Herrn Zwiebel saß eine Dame. Auch sie schaute recht interessiert in die Runde. Herr Zwiebel überlegte kurz, dann sprach er sie an. „Ganz schön voll heute. Da müssen wir sicher lange warten."

„Ja", meinte die Dame, „aber das macht mir nichts aus. Ich warte gern, denn ich habe viel Zeit."

Herr Zwiebel staunte. Dann meinte er: „Die Wievielte sind Sie denn?"

„Ich kam unmittelbar vor Ihnen. Ich muss also noch fast so lange warten wie Sie. Aber ich habe sowieso nichts Besseres vor", sagte die Dame und seufzte.

Herr Zwiebel freute sich darüber und sagte: „Genau wie ich. Ich habe auch viel Zeit."

Die Dame sah ihn freundlich an. Dann fragte sie: „Was fehlt Ihnen denn?"

„Ach, nichts Besonderes", sagte Herr Zwiebel verlegen. „Und was führt *Sie* zum Arzt?"

„Die Langeweile", antwortete die Dame lächelnd.

Herr Zwiebel musste laut lachen. Alle schauten ihn an. Etwas leiser sagte er dann: „Das gibt es doch nicht. Genau wie bei mir. Ich habe auch Langeweile."

Die Dame schmunzelte und zwinkerte ihm zu. Das spornte Herrn Zwiebel an zu sagen: „Wissen Sie was, ich habe eine Idee. Ich weiß etwas Besseres, als hier zu sitzen."

„Und was schlagen Sie vor?"

„Ganz einfach: Wir gehen Kaffee trinken. Um die Ecke gibt es ein nettes Café und dort machen wir es uns gemütlich", schlug Herr Zwiebel vor.

„Eine gute Idee", meinte die Dame.

Keine zwei Minuten später verließen Herr Zwiebel und die Dame das Wartezimmer. Um elf Uhr saßen sie gemütlich im Café und ließen sich ein zweites Frühstück schmecken. Und da sie sich noch so viel zu erzählen hatten, verabredeten sie sich gleich wieder für den nächsten Tag.

Alle Vögel sind schon da

Adam Jankowski war ein Vogelfreund. Das Rentenalter hatte er bereits erreicht und somit hatte er viel Zeit für die Vögel in seinem schönen Garten. Im Winter, wenn der Boden gefroren war und eine Schneedecke auf dem Land lag, stellte er ein Futterhäuschen auf. In die Bäume und Sträucher hängte Adam Meisenknödel und Meisenringe. Die Vögel freuten sich über das Futter und dankten ihm, indem sie fröhlich zwitscherten.

Doch nun war Sommer, und zwar ein sehr heißer Sommer. Es hatte schon lange nicht mehr geregnet. Die Erde war staubig und die Vögel hatten alle großen Durst. Adam wollte ihnen helfen. Er konnte nicht mitansehen, wie die Meisen, Buchfinken, Spatzen, Grünfinken und Rotkehlchen unter der Hitze litten. Schließlich trank er selbst auch mehr als eine große Flasche Wasser am Tag. Am Abend duschte er lauwarm, um den Staub und den Schweiß vom Körper zu waschen. Das wollte er nun auch den Vögeln bieten.

„Ich baue eine komplette Badeanstalt für meine Gartenvögel", sagte Adam. Sofort machte er sich an die Arbeit. Er lief hinunter in den Keller. Er stieg zum Dachboden hinauf. Er durchstöberte den Schuppen im Garten. Er ging zum Trödelmarkt.

Nach ein paar Tagen hatte er alles zusammen. Einige große runde Tonschalen, ein Stück von einer Regenrinne, schöne große Kieselsteine, schmale Bretter, kleine dünne Rundhölzer und einen alten grünen Frosch aus Keramik. Er trug alles hinaus in den Garten und begann zu zimmern und zu basteln. Allmählich entstand dort eine lustige Badestation. Nach drei Tagen war alles fertig.

Ein alter Holztisch diente als Unterlage und war ideal als Landeplatz für die Piepmätze. Adam betrachtete stolz die Badeanstalt, nickte zufrieden und füllte nun das Wasser in die Schalen. Es gab zwei schöne große Tonschalen mit herrlich klarem Wasser. Eine Rutschbahn, gebastelt aus der alten Regenrinne, führte direkt dort hinein. Eine Leiter aus kleinen dünnen Rundhölzern führte zur Rutschbahn hinauf. Die Kieselsteine lagen in den Tonschalen und ragten wie kleine Inseln aus dem Wasser. Und mitten in der größten Tonschale thronte der grüne Frosch.

Die Vögel ließen nicht lange auf sich warten. Bald tummelte sich eine bunte Schar von Vögeln in den Schalen. Adam hatte seine helle Freude daran. So ging das nun Tag für Tag. Es sprach sich wohl unter den Vögeln herum, denn täglich wurden es mehr. Die Vögel planschten im Wasser und putzten ihr Gefieder. Adam staunte nicht schlecht. Er meinte: „Das sind unmöglich nur die Vögel aus meinem Garten."

Eines Abends hörte er seinen Nachbarn im Garten ein Liedchen trällern. „Alle Vögel sind schon da …" Da ging Adam ein Licht auf. Natürlich! Auch die Vögel aus Nachbars Garten kamen herüber und badeten bei ihm.

Er lief zum Gartenzaun und rief: „Hallo, Herr Nachbar. Es wird Zeit, dass Sie sich am Wassergeld beteiligen. Denn Ihre Vögel baden allesamt bei mir."

„Haha, ich habe den Vögeln doch nicht gesagt, dass sie dort baden sollen", rief der Nachbar und lachte. „Ich kann nichts dafür. Sie haben eben alle Durst und möchten baden."

Da musste auch Adam lachen. Wie konnte er nur so dumm sein und anderen Vögeln kein Bad gönnen! Er holte zwei Flaschen Bier aus dem Keller und lud den Nachbarn ein, mit ihm auf die schöne Badeanstalt anzustoßen.

„Prost", riefen sie und die Flaschen klirrten.

Ein Loch ist im Eimer

Anmerkung: Aus dem bekannten Lied „Ein Loch ist im Eimer“ habe ich eine kleine Geschichte gemacht.

Wer einmal auf einem Bauernhof gelebt hat, weiß, wie viel Arbeit die Landwirtschaft mit sich bringt. Eggen, pflügen, säen, ernten, das Vieh versorgen, Kühe melken, Pferde striegeln ... und das von morgens bis abends. Einen freien Tag kennen Bauer und Bäuerin nicht. Jeder muss mit anpacken, damit alles gut funktioniert. Und man muss sich unbedingt aufeinander verlassen können.

Vor einigen Jahren lebten auf einem Bauernhof zwei Brüder. Der eine war klug und hieß Karl-Otto. Der andere war nicht so klug und hieß Henry. Karl-Otto, also der klügere der beiden Brüder, brauchte gerade dringend Wasser. Er rief nach seinem Bruder und sagte: „Henry, hol Wasser.“

Henry kam herbeigelaufen und fragte etwas ratlos: „Worin denn, Karl-Otto, worin?“

Karl-Otto antwortete: „Im Eimer, o Henry, im Eimer!“

Henry griff nach dem Eimer und schaute hinein. Dann sagte er: „Ein Loch ist im Eimer, Karl-Otto, Karl-Otto, ein Loch ist im Eimer, Karl-Otto, ein Loch.“

Karl-Otto schaute seinen Bruder mit einem strengen Blick an. „Dann stopf es, o Henry, dann stopf es! Mach’s dicht!“

Doch Henry fragte nur: „Womit denn, Karl-Otto, womit?“

Karl-Otto sagte mit scharfem Ton: „Mit Stroh, o Henry, mit Stroh!"

Henry griff sich ein Bündel Stroh und meinte: „Das Stroh ist zu lang, Karl-Otto, zu lang."

„Dann kürz es, o Henry, dann kürz es! Mensch, hack's ab!" Karl-Otto hatte das ungute Gefühl, dass ihm gleich der Kragen platzte.

Verständnislos fragte Henry: „Womit denn, Karl-Otto, womit?"

„Mit 'ner Axt, o Henry, mit 'ner Axt!"

„Die Axt ist zu stumpf, Karl-Otto, zu stumpf."

Karl-Otto verdrehte die Augen und sagte: „Dann schärf sie, o Henry, dann schärf sie. Mach sie scharf!"

Jetzt wusste Henry gar nicht mehr, was er tun sollte, und fragte: „Womit denn, Karl-Otto, womit?"

„Mit 'nem Stein, o Henry, mit 'nem Stein!"

„Der Stein ist zu trocken, Karl-Otto, zu trocken."

Nun wurde Karl-Otto energisch und brüllte: „Hol Wasser, o Henry, hol Wasser!"

„Worin denn, Karl-Otto, worin?"

„Im Eimer, o Henry, im Eimer!"

„Ein Loch ist im Eimer, Karl-Otto, Karl-Otto, ein Loch ist im Eimer!"

Karl-Otto glaubte nicht richtig zu hören. Und ehe die ganze Fragerei von vorne losgehen würde, schnappte er sich nun selbst den Eimer, stopfte das Loch mit Stroh zu und ging Wasser holen.

Henry sah ihm hinterher und schüttelte den Kopf. Er verstand die Welt nicht mehr.

Segelohren und eine lange Nase

Margarete Pöttke war sechzig Jahre alt und somit ein altes Fräulein oder ein spätes Mädchen, wie man früher so schön sagte. Sie war nie verheiratet gewesen. Noch nie hatte ein Mann sie ausgeführt. Warum, möchten Sie wissen? Margarete Pöttke hatte eine lange Nase. Eine sehr, sehr lange Nase. Alle Männer hatten früher einen großen Bogen um sie gemacht. Keiner wollte sie kennenlernen. Längst hatte sie sich damit abgefunden, ohne einen Mann alt und grau zu werden.

Zur gleichen Zeit und in derselben Stadt lebte ein Mann. Er hieß Eduard Müller. Auch er war nie verheiratet gewesen und auch er verbrachte die Abende ohne Gesellschaft vor dem Ferseher. Mittags kochte er für sich alleine drei Kartoffeln und aß ein kleines Schnitzel dazu. Noch nie hatte er für eine Frau gekocht, noch nie war er mit einer Frau ausgegangen. Auch er hatte sich damit abgefunden, ohne eine Partnerin alt und grau zu werden. Warum das so war, möchten Sie wissen? Eduard hatte Segelohren. Sehr große, weit abstehende Segelohren. Die hatten jede Frau verjagt.

Doch der liebe Gott hatte sich für diese beiden einsamen Menschen etwas ganz Besonderes ausgedacht. Margarete Pöttke und Eduard Müller sollten sich kennenlernen. Und zwar genau an einem Dienstagnachmittag im August …

Dieser Dienstag im August war ein heißer Sommertag. Margarete Pöttke schlenderte zur Eisdiele. Ein leckeres frisches Erdbeereis wäre genau das Richtige. Sie ging in die Eisdiele hinein.

„Drei Kugeln Erdbeereis im Hörnchen, bitte", sagte sie zur Verkäuferin. Margarete bezahlte zwei Euro und siebzig Cent und wollte gerade wieder hinausgehen. Aber just in diesem Moment wollte Eduard Müller die Eisdiele betreten. Kurzum, die beiden stießen zusammen. Dann platschte es – und zwar genau auf Herrn Müllers rechten Schuh.

Margarete starrte zuerst auf ihr leeres Hörnchen, dann auf den rechten Schuh und dann in Herrn Müllers Gesicht. „Ent... Entschuldigung", stammelte sie verlegen und kramte ein Taschentuch hervor.

Eduard Müller starrte Margarete Pöttke mit weit aufgerissenen Augen an. Seine Segelohren fingen an zu wackeln und er wurde nervös. Verzweifelt suchte er nach Worten. „Gnädige Frau ... ich ... äh ... es ..." Mehr kam nicht aus ihm heraus.

„Ich wollte das nicht, es ist mir sehr peinlich", sagte Margarete.

Inzwischen hatte Herr Müller seine Sprache wiedergefunden und meinte: „Ist nicht so schlimm. Setzen wir uns doch. Dort drüben ist ein kleiner Tisch frei. Darf ich Sie zu einem Eis einladen?"

Noch nie war Margarete von einem Mann zu einem Eis eingeladen worden. Sie freute sich über alle Maßen und nahm die Einladung dankbar an. Es wurde ein schöner Nachmittag und es sollte nicht der letzte sein. Von nun an gingen die beiden gemeinsam durchs Leben.

Ja, es war Liebe auf den ersten Blick. So etwas kommt ja manchmal vor. Man kann auch sagen: Der liebe Gott hat das super hingekriegt ... oder?

Das Apfelbäumchen

Endlich trug das Apfelbäumchen Früchte. Drei wunderbare Äpfel hingen an dem jungen Baum. Herr Lupinski, der den Apfelbaum vor einigen Jahren in seinem Garten gepflanzt hatte, hütete die drei Äpfel wie seine Augäpfel.

Es ging auf den Herbst zu. Bald würden die drei Äpfel reif sein. Süß und saftig sollten sie sein, hatte der Verkäufer des Baumes ihm versichert. Herr Lupinski freute sich schon darauf. Voller Stolz streichelte er täglich seine Äpfel.

Eines Nachmittags kam sein Freund Hubert zu Besuch. Er brachte seine drei Kinder mit. Nun tollten drei lebhafte Jungen im Garten herum und Herr Lupinski hatte große Angst um seine Äpfel.

Er sagte zu den Jungen: „Dass ihr mir ja nicht an die Äpfel geht! Die sind noch nicht reif. Ihr würdet schlimme Bauchschmerzen bekommen. Also, Jungs, nicht pflücken! Hört ihr, keine Äpfel pflücken!"

„Ja, ist schon gut, machen wir nicht", riefen die Jungen.

„Was sollt ihr nicht tun?“, fragte Herr Lupinski zur Sicherheit noch einmal.

„Die Äpfel nicht pflücken“, riefen die Jungen.

„Gut so“, meinte Herr Lupinski. Dann ging er mit seinem Freund in die Gartenlaube. Dort saß man windgeschützt und warm. Die beiden Männer unterhielten sich über die Gartenarbeit und vergaßen die Zeit.

Etwa eine Stunde später meinte Herr Lupinski: „Ich muss doch mal nach den Jungs sehen.“

„Ich komme mit“, sagte sein Freund und stand auf.

Die drei Jungen saßen brav nebeneinander auf der Gartenbank. Herr Lupinski schaute sie an und dachte: Da stimmt doch etwas nicht! Die drei Jungen grinsten schelmisch.

„Habt ihr etwa die Äpfel abgepflückt?“, fragte Herr Lupinski.

„Nein“, kam es wie aus der Pistole geschossen.

Nun schaute Herr Lupinski zu seinem Apfelbäumchen hinüber. Er bekam große Augen und sein Mund blieb offen stehen. Er konnte nicht glauben, was er da sah, und ging näher an das Apfelbäumchen heran. Dann rückte er seine Brille zurecht. Doch es half alles nichts: Am Bäumchen hingen keine Äpfel mehr, da waren nur noch die Kerngehäuse am Stiel.

„Wo sind die Äpfel?“, donnerte es durch den Garten. „Was hatte ich gesagt? Keine Äpfel pflücken!“ Herr Lupinski stutzte. Die Kerngehäuse hingen ja noch am Baum.

Die Jungen sagten: „Wir haben die Äpfel nicht gepflückt, sondern nur rundherum abgegessen. Sie waren lecker. Sie waren süß und saftig."

Herr Lupinski war sprachlos. Die Jungen hatten sich an die Regel gehalten. Sie hatten die Äpfel nicht vom Baum gepflückt. Er konnte noch nicht einmal mit ihnen schimpfen. Im nächsten Jahr musste er sagen: „Nicht pflücken und nicht rundherum abknabbern."

Die drei Jungen schauten Herrn Lupinski ängstlich an. Doch der sagte nur: „Hauptsache, es hat euch geschmeckt! Und wenn die Äpfel süß und saftig waren, dann freue ich mich schon auf die Ernte im nächsten Jahr."

Der Anruf

In der Nacht war ein heftiges Gewitter über die Stadt hinweggezogen. Es hatte kräftig gedonnert und grelle Blitze hatten den Himmel erhellt. Starke Regengüsse waren auf die Straßen geprasselt. Ein stürmischer Wind hatte die Bäume hin und her gebogen. Das Ächzen und Knarren der Äste hatte sich schaurig angehört.

Die neunzigjährige Wilhelmine Schoblinski war trotz ihrer Schwerhörigkeit aufgewacht. Besorgt schaute sie durch das Schlafzimmerfenster hinaus in den nächtlichen Himmel. Sie fragte sich, ob das Gewitter wohl auch über Gelsenkirchen war. Dort wohnte ihre Tochter und die hatte schon von Kindheit an schreckliche Angst vor einem Gewitter.

Die Ungewissheit ließ Wilhelmine keine Ruhe. Darum rief sie am nächsten Morgen bei der Polizei an. Sie wählte die Nummer und wartete. Wie schon gesagt: Wilhelmine Schoblinski war schwerhörig.

Am anderen Ende meldete sich eine Stimme. „Polizei, Hauptwachtmeister Meier am Apparat."

Frau Schoblinski stutzte, dann sagte sie: „Hier spricht Wilhelmine Schoblinski. Ich wollte keine Eier, sondern die Polizei."

„Hier spricht die Polizei. Was kann ich für Sie tun?", sagte der Hauptwachtmeister.

„Nein, ich will jetzt nicht ruhn. Ich habe eine Frage", sagte Wilhelmine.

„Ja?", fragte der Polizist.

„Was? Was haben Sie gesagt? Sie müssen etwas lauter sprechen, ich höre manchmal nicht so gut", sagte Wilhelmine.

„Was haben Sie auf dem Herzen?", fragte der Polizist nun schon etwas lauter.

„Ich habe keine Schmerzen", meinte Frau Schoblinski erstaunt.

„Warum rufen Sie an?", fragte der Polizist noch etwas lauter.

„Heute Nacht war doch dieses schreckliche Gewitter. Ich möchte wissen, ob dieses Unwetter auch über Gelsenkirchen war."

„Ja, es war auch über Gelsenkirchen."

„Welche Kirchen?“

„Gel-sen-kir-chen“, schrie der Polizist.

„Nun schreien Sie doch nicht so. Taub bin ich noch nicht“, sagte Wilhelmine empört.

„Haben Sie sonst noch eine Frage?“, erkundigte sich der Polizist freundlich.

„Ich bin nicht in Rage und auch nicht wütend. Ich bin neunzig Jahre alt und manchmal höre ich schlecht“, rechtfertigte sich Frau Schoblinski.

„Ist schon gut. Also ... keine Frage mehr.“

„Ein Bär? Wo ist ein Bär?“, fragte Wilhelmine entsetzt.

„Kein Bär, es gibt keinen Bär“, schrie der Polizist, so laut er konnte, in den Hörer. Seine Kollegen auf dem Revier schauten ihn verwundert an. Einige kicherten amüsiert.

„Also“, meinte Frau Schoblinski, „war das Gewitter nun über Gelsenkirchen?“

„Ja“, brüllte der Polizist.

„Na bitte, geht doch. Warum sagen Sie das nicht gleich. Auf Wiederhören“, sagte Wilhelmine und legte den Hörer auf. „Diese jungen Leute heutzutage, was die alles verstehen! Ist ja auch kein Wunder, wenn die immer nur mit einem Ohr zuhören“, murmelte sie und wollte nun erst einmal ihre Tochter anrufen. Aber das ist eine andere Geschichte.

Im Tante-Emma-Laden

Scheren, Nadeln, Garn und Knöpfe,
Wolle, Siebe und auch ... (Töpfe),
wetterfeste Regenkappen,
Schuhwichse und Scheuer... (-lappen),
alles, was das Herz begehrt,
gibt's bei mir, das ist viel ... (wert)!
Schöne Creme für die Dame,
für den Kuchen leckere ... (Sahne).
Mein Laden ist der beste hier,
kommt alle her und kauft bei ... (mir)!
Billig, preiswert, fast kostenlos,
bei mir gibt's alles für Klein und ... (Groß).
Kommt herein, kommt heran,
hier ist es billiger als neben... (an).
In meinem Tante-Emma-Laden
kann ein Besuch wohl niemals ... (schaden)!
Seife, Waschpulver, bunte Schwämme,
für die Haare schöne ... (Kämme),
Bonbons in Gläsern, Eier im Regal,
das ist immer eine gute ... (Wahl)!
Käse am Stück, in Scheiben die Wurst,
Wasser und Milch helfen gegen den ... (Durst).
Hier kann man mit den Nachbarn schwatzen,
über das Wetter, über Hunde und ... (Katzen).
Der Tante-Emma-Laden, er soll leben,
und es soll ihn noch lange ... (geben).

Schwuppdiwupp, da kam die Welle

Es war ein schöner, warmer Sommertag wie aus dem Bilderbuch. Die Sonne schien vom wolkenlosen Himmel herab. Alles blühte und grünte und die Luft hing voller wunderbarer Düfte. Da musste man einfach hinaus. Hinaus in die Natur.

Margarete und Roland waren für ein paar Tage an die Nordsee gefahren. Sie wohnten in einer kleinen Pension. An diesem Morgen beschlossen sie, den sonnigen Tag am Strand zu verbringen. Sie mieteten sich einen Strandkorb und machten es sich darin bequem.

Margarete las ein Buch und Roland aß einen Apfel. Dabei schaute er aufs Meer hinaus. Eine leichte Brise war aufgekommen und die Wellen trugen weiße Schaumkronen. Es roch nach Nordsee und die Luft schmeckte ein wenig salzig. Roland schaute verträumt auf die Wellen und beobachtete die Möwen, die kreischend umherflogen.

„Ich geh mal kurz ins Wasser“, murmelte er.

Margarete schaute kurz von ihrem Buch hoch und meinte: „Dann pass aber gut auf. Es weht eine leichte Brise. Das sollte man nicht unterschätzen. Die Wellen schlagen schon ziemlich hoch. Schwuppdiwupp, kann dich eine verschlucken.“

Roland sagte lachend: „Keine Sorge, ich gehe nur mit den Füßen ins Wasser.“

„Mhm, dann ist es ja gut“, murmelte Margarete und vertiefte sich wieder in ihr Buch. Roland zog seine Badelatschen an und stakste zum Wasser. Der Wind hatte inzwischen etwas zugenommen. Er blies in Rolands Haare, sodass diese zu Berge standen. Als er im Wasser stand, klatschten die Wellen gegen seine Waden. Roland fand das schön und ging noch etwas weiter ins Wasser hinein. Nun klatschten die Wellen schon gegen seinen Po.

„Pass auf, Roland!“, warnte Margarete.

„Hahaha, mach dir keine Sorgen!“, rief Roland. Übermütig ging er noch etwas weiter ins Meer hinein. Er stellte sich mit dem Rücken zu den Wellen. Jetzt klatschten ihm die Wellen auf den Rücken und spritzten ihn ganz nass.

„Juchu!“, rief er fröhlich. „Das ist wie eine Massage.“

Und dann kam sie. Langsam, aber stetig kam sie bedrohlich näher und näher und näher ... eine ganz große Welle. Sie rollte direkt auf Roland zu, doch der stand immer noch jauchzend im Wasser und ahnte nichts. Er konnte die Welle nicht sehen, weil er mit dem Rücken zum Meer stand.

Margarete, die wieder einmal Ausschau nach ihrem Mann hielt, sah das Unheil kommen. So laut sie konnte, rief sie: „Rooolaaand, eine Welle!“ Doch da war es schon zu spät.

Schwuppdiwupp, schlug die Welle über Roland hinweg. Von Roland war nichts mehr zu sehen. Kein Kopf, kein Arm, kein Bein und kein Ohr, rein gar nichts.

Margarete saß wie versteinert in ihrem Strandkorb. Ängstlich starrte sie auf das Meer. Wo war ihr Roland? Wo war er geblieben? War sie gar schon Witwe?

Nein, so schnell stirbt es sich nicht. Roland war von der Riesenwelle an den Strand gespült worden. Dort lag er nun wie eine hilflose Schildkröte auf dem Rücken und rang nach Luft. „Menschenskinder! Das war ja mal ein Abenteuer!", krächzte er. Dann rappelte er sich auf und ging zum Strandkorb.

Margarete sprang auf und stürzte ihrem Mann entgegen. Stürmisch umarmte sie ihn und rief: „Du lebst, Gott sei Dank, du lebst!"

Eng aneinandergeschmiegt saßen sie noch lange im Strandkorb. Roland wollte vorläufig nicht mehr ins Wasser. Aber das sagte er seiner Frau nicht.

Verflixtes Telefon

Früher, als es noch kein Telefon gab, schrieben sich die Menschen Briefe. Schöne lange Briefe auf edlem Briefpapier. Alles, was man sich mitteilen wollte, wurde mit Tinte auf ein Blatt Papier geschrieben, dann in einen Briefumschlag gesteckt, mit Name, Adresse und Absender versehen. Dann kam noch eine Briefmarke darauf – und ab in den Briefkasten damit.

Oder die Menschen besuchten sich häufig, dann konnte man direkt miteinander reden. Stundenlang konnte man sich wichtige Neuigkeiten erzählen. Und man sparte auch noch das Porto.

Doch dann wurde das Telefon erfunden. Nun brauchte der Mensch nur noch eine Nummer zu wählen – und schon war der Gesprächspartner am anderen Ende der Leitung. Ganz egal, wo er wohnte oder wie spät es war. Auf einmal war es hochmodern, zu telefonieren.

Auch Berthold ging mit der Zeit. Sein erstes Telefon war schwarz und besaß eine Wählscheibe. Allerdings dauerte es vier Tage, bis Berthold sich traute, es zu benutzen. Er wählte die Nummer eines Freundes. Gespannt wartete er. Sein Herz klopfte bis zum Hals. Was würde passieren?

„Tut, tut, tuuut …“, mehr hörte er nicht.

„Das Ding ist kaputt“, rief er und legte den Hörer wieder auf. Eine Stunde später versuchte Berthold es erneut. „Tut, tut, tuuut …“, mehr war wieder nicht zu hören.

„Verflixtes Telefon, es tutet nur“, schimpfte er. Und er schimpfte noch öfter an diesem Vormittag, denn er konnte seinen Freund nicht erreichen.

Am Nachmittag hatte Berthold die Nase voll. Er wählte die Nummer der Störungsstelle. Etwas zu laut rief er in den Hörer: „Das verflixte Telefon funktioniert nicht. Die Verbindung ist gestört!“

„Soso“, meinte eine Dame am anderen Ende. „Dann zählen Sie doch mal bis zehn.“

„Ein, zwei, drei, vier …“, zählte Berthold brav.

„Mhm, ich höre Sie aber ganz gut. Doch sicherheitshalber möchte ich Sie bitten, etwas zu singen. Irgendeine Melodie reicht völlig aus. Probeweise, verstehen

Sie?“, sagte die Dame von der Störungsstelle freundlich.

Berthold räusperte sich kurz, dann sang er: „Das Wandern ist des Müllers Lust …“

„Mhm, mhm, das klingt ganz gut. Mit Ihrem Telefon ist alles in Ordnung“, sagte die Dame von der Störungsstelle. Dann war das Gespräch beendet.

„Na, so was“, meinte Berthold. Er wunderte sich ein wenig über das, was soeben geschehen war. Dann ging er zum Küchentisch und holte aus der Schublade Papier und einen Füllfederhalter heraus.

„Ich schreibe lieber einen Brief“, meinte er. „Das ist sicherer und ich weiß, dass er ankommt.“

Eine Woche später klingelte Bertholds Telefon. Er nahm den Hörer ab und meldete sich. Es war sein Freund.

„Hallo, Berthold, vielen Dank für deinen lieben Brief. Aber warum rufst du mich nicht einfach an?“, fragte der Freund.

„Das hab ich doch. Das verflixte Telefon funktionierte nicht. Es tutete nur“, sagte Berthold.

„Ja, weil ich nicht zu Hause war, sondern verreist, lieber Berthold. Kein Wunder, dass es nur tutete, ich konnte ja nicht abheben“, erklärte der Freund.

Da begriff Berthold die Technik. Es war ihm außerordentlich peinlich. Gleich morgen wollte er einen neuen Versuch mit seinem schwarzen Telefon starten.

Ich wünsch mir einen Mann

Ich wünsch mir einen Mann,
einen Mann, der alles ... (kann).
Er soll schön sein, aber auch schlau,
er soll sanft sein und nicht ... (rau),
höflich, romantisch, schlank und groß,
Mannomann! Wo finde ich den ... (bloß)?
Vielleicht ein Herr vom alten Schlage,
den ich in meinem Herzen ... (trage),
hoch im Wuchs und voller Kraft?
Weckt das in mir die Leiden... (schaft)?
Ja, so ein Mann
zieht mich unwahrscheinlich ... (an).
Männer gibt's wie Sand am Meer,
doch wo bekomm ich einen ... (her)?
Wo soll ich ihn nur suchen?
Im Café bei Kaffee und ... (Kuchen)?
Oh, das macht mich ganz nervös!
Bitte seien Sie mir nicht ... (bös),
ich glaub, ich gebe die Suche erst mal auf
und bleibe lieber hübsch zu ... (Haus).

Eine große Schweineliebe

An dem Tag, als Klaus-Dieter Rentner wurde, schenkte ihm seine Frau ein Schwein. Ja, Sie haben richtig gehört: ein Schwein. Besser gesagt, ein Ferkel. Ein süßes, kleines, rosiges Babyschwein.

Klaus-Dieters Frau hatte bei diesem Geschenk natürlich einige Hintergedanken. Zum einen würde ihr Mann keine Langeweile bekommen. Und zum anderen würde aus dem Ferkelchen bald ein dickes, fettes Schwein werden. Und dann … mhm! Ja, genau! Seine Frau freute sich auf Koteletts, Wurst und Speck.

Das Ferkelchen wurde auf den Namen „Wasti" getauft und kam in einen Stall. Es quiekte fröhlich, sobald es Klaus-Dieter sah. Der streichelte sein kleines Ferkelchen, er liebkoste es und sprach mit ihm.

„Was bist du doch für ein süßes Geschöpf, so rosig und samtweich! Und deine Äuglein und erst die Öhrchen, die kurzen Beinchen und dein Ringelschwänzchen … einfach wonnig!", sagte er ganz verliebt. Ja, Klaus-Dieter liebte sein Ferkelchen.

Dann kam der Winter und es wurde eisig kalt. Eiszapfen hingen von den Dächern und es schneite und schneite und schneite. Wasti stand zitternd im Stall.

Erschrocken rief Klaus-Dieter: „Armer Wasti, du bist ja schon ganz blau gefroren!" Er schnappte sich das Ferkelchen und lief mit ihm eilig ins Haus.

„Was soll denn das?", rief seine Frau.

„Wasti friert! Er bleibt vorerst bei uns in der warmen

Stube“, antwortete Klaus-Dieter. Er holte einen Armvoll Stroh herein und richtete für sein Ferkel eine gemütliche Ecke ein. Wasti quiekte vor Vergnügen und rannte in der Stube umher. Klaus-Dieters Frau schlug die Hände über dem Kopf zusammen. Dann zeigte sie dem kleinen Schweinchen drohend die Bratpfanne. Wasti sollte gleich wissen, was ihm blühte, wenn er nicht brav wäre.

In dieser Nacht war es sehr stürmisch. Der Wind fegte pfeifend ums Haus. Es rappelte und klapperte, es polterte und knackte. Der stürmische Wind wirbelte alles herum, was ihm in den Weg kam. Wasti quiekte laut. Klaus-Dieter schlüpfte in seine Pantoffeln und schlich sich in die gute Stube. Er nahm sein zitterndes Ferkel auf den Arm. Wasti war sehr verängstigt und ließ sich kaum beruhigen.

Kurz entschlossen nahm Klaus-Dieter sein Ferkelchen mit ins Bett. Dort schlief Wasti in seinem Arm ein. Natürlich blieb es nicht bei der einen Nacht. Im Gegenteil, es wurde eine liebenswerte (oder sagen wir besser: schlechte) Angewohnheit daraus. Immer öfter nahm Klaus-Dieter sein Schweinchen mit ins Bett.

So verging die Zeit. Im Sommer war aus dem niedlichen Ferkelchen ein ausgewachsenes, fettes Schwein geworden. Es hatte schon ordentlich Speck auf den Rippen. Wasti tummelte sich im Garten. In der Küche schärfte Klaus-Dieters Frau die Messer.

„Ich will nun endlich Koteletts essen“, meinte sie und leckte sich über die Lippen.

„Neeeiiin! Nur über meine Leiche. Ich liebe Wasti! Wenn er stirbt, will ich auch nicht mehr leben!" Klaus-Dieter warf sich schützend über sein Schwein.

„Wie bitte? Sag, dass ich mich verhört habe", meinte seine Frau.

„Du hast dich nicht verhört! Nur über meine Leiche!"

Klaus-Dieter lag auf dem Schwein.

Das Schwein quiekte.

Klaus-Dieters Frau war sprachlos. So etwas hatte sie noch nicht erlebt. Sie dachte nach. Koteletts gab es auch beim Metzger ...

So blieb das Schwein am Leben. Und Klaus-Dieter natürlich auch.

Koste es, was es wolle

„Wie meinen Sie das? Ich habe Sie, glaube ich, nicht richtig verstanden", fragte der Verkäufer noch einmal nach.

„Sie haben schon richtig gehört. Ich will diese Handtasche und keine andere. Koste es, was es wolle. Die oder keine!", rief Frau Kellermann resolut.

„Aber, gnädige Frau, bitte, so seien Sie doch vernünftig! Diese Handtasche ist bereits verkauft und wird noch heute abgeholt", sagte der Verkäufer.

Frau Kellermann schob hektisch ihre Brille wieder

hoch, sie war in der Aufregung von der Nase gerutscht. Wütend schaute sie den Verkäufer an. Ihre Augen funkelten. Dann blickte sie auf die Handtasche. Genau so eine brauchte sie: eine schicke rote Ledertasche. Nicht zu groß und nicht zu klein. Die Geldbörse und ein Knirps würden gut Platz darin haben. Die Hausschlüssel und ein Kamm würden auch noch bequem hineingehen. Außerdem passte sie genau zum neuen Rock.

„Ich gebe Ihnen das Doppelte vom eigentlichen Preis", bot sie dem Verkäufer an.

„Gnädige Frau, das ist unmöglich", sagte der Verkäufer. Er schaute sich hilflos um.

„Und ich gebe noch weitere fünfzig Euro dazu", handelte Frau Kellermann. Sie war sehr beharrlich, wenn sie sich einmal etwas in den Kopf gesetzt hatte.

„So nehmen Sie doch Vernunft an! Diese Tasche ist verkauft. Beruhigen Sie sich und suchen Sie sich eine andere Tasche aus", sagte der verzweifelte Verkäufer. Er wäre am liebsten weit weggelaufen.

Frau Kellermann aber dachte nicht daran aufzugeben. „Apropos beruhigen", meinte sie, „bringen Sie mir doch mal einen Stuhl. Ich möchte mich setzen."

„Wieso?", fragte der Verkäufer erstaunt.

„Nur so", sagte Frau Kellermann. Sie hatte sich vorgenommen, das Geschäft nicht ohne diese Handtasche zu verlassen. Koste es, was es wolle. Dem Verkäufer standen die Schweißperlen auf der Stirn, als er den gewünschten Stuhl herbeischaffte. Frau Kellermann nahm Platz.

Stunde um Stunde verging. Es war bereits Mittag. Trotzig saß Frau Kellermann auf dem Stuhl und murmelte ab und zu: „Koste es, was es wolle!"

Am Abend, kurz vor Ladenschluss, betrat ein feiner Herr das Geschäft. Er schickte sich an, die Tasche abzuholen. Frau Kellermann sprang vom Stuhl auf und stürzte auf ihn zu.

„Ich gebe Ihnen den doppelten Preis, wenn Sie mir die Tasche überlassen", rief sie laut. Alle schauten herüber.

„Aber, aber, wir sind doch hier nicht auf einem Basar", meinte der feine Herr. „Diese Tasche habe ich für meine Frau gekauft. Sie hat heute Geburtstag und ich will sie damit überraschen."

Frau Kellermann gab immer noch nicht auf. Ihre Brille war von der Nase gerutscht und sie schob sie wieder hoch. „Ich, ich ... äh, ich gebe ..."

„Nein!", sagte der Herr energisch und ließ sich die schöne rote Handtasche als Geschenk einpacken. Da war überhaupt nichts zu verhandeln. Nun gab Frau Kellermann auf. Niedergeschlagen verließ sie das Geschäft.

Später, als sie sich wieder beruhigt hatte, schüttelte sie den Kopf über sich selbst. Ich habe mich lächerlich gemacht, dachte sie. Ich habe mich albern benommen. Ich war egoistisch ... Wie dumm von mir! Man kann doch nicht alles haben, was man sieht. Und schon gar nicht, was anderen bereits gehört. Ach, was soll's! Woanders gibt es auch schöne Taschen. Sogar in Rot ...

Die Übung

Der Elefant trompetet: „Lauft alle und rennt,
hört zu, der ganze Dschungel … (brennt)!“
Diese schlimme Kunde
ist bald in aller … (Munde).
Schon rennen die Giraffen,
gefolgt von den flinken … (Affen).
Die Vögel fliegen mit dem Wind,
die Löwenmutter sucht ihr … (Kind).
Im Zickzack springen die Gazellen,
das Krokodil im Fluss schlägt … (Wellen).
Auch das Nashorn eilt voran,
gefolgt vom Zebra, so schnell es … (kann).
Der ganze Dschungel ist am Beben,
die Tiger rennen um ihr … (Leben).
Plötzlich trompetet der Elefant: „Bleibt stehn!
Ihr könnt wieder nach Hause … (gehn)!
Hört, ihr Tiere, hört mal her,
genauso macht es die Feuer… (wehr).
Ein bisschen Übung kann nicht schaden
und ist auch gut für eure … (Waden)!
Ihr habt das alles gut gemacht,
nun wünsche ich euch eine gute … (Nacht).“

Die Freiheit ruft

Ein kleiner gelber Kanarienvogel lebte in einem Vogelkäfig. Tag für Tag schaute er sehnsüchtig durch die Gitterstäbe hinaus in die Ferne. Es sah den blauen Himmel, die bunten Blumen, die Vögel und die grünen Bäume im Garten. Der Wind bewegte die Blätter an den Zweigen.

Wie schön muss es da draußen sein, dachte der kleine Vogel wehmütig. Traurig schaute er durchs Fenster und sah die Meisen, die munter von Ast zu Ast hüpften. Die hatten es gut! Die waren frei! Wenn doch nur die Frau einmal die Käfigtür und das Fenster offen stehen lassen würde ...

Der Herbst kam. Die Blätter färbten sich braun und rot und fielen von den Bäumen. Am Himmel zogen große Vogelschwärme vorbei. Sie waren auf dem Weg in den warmen Süden. Sehnsüchtig schaute der kleine gelbe Kanarienvogel ihnen hinterher.

Eines Tages war draußen vor dem Fenster alles weiß. Es hatte geschneit, der Winter war gekommen. Zu gern hätte der Kanarienvogel ausprobiert, wie der Schnee sich anfühlte ... Wie schmeckte der Schnee wohl?

Und dann kam der große Augenblick: Die Frau vergaß, die Käfigtür zu schließen. Und das Fenster zur Freiheit war auch geöffnet. Endlich!

„Die Freiheit ruft!“, zwitscherte der kleine gelbe Kanarienvogel und hüpfte aus dem Käfig. Fröhlich flog er bis zur Fensterbank und landete zunächst auf einem Blumentopf. Neugierig knabberte er an der Blume.

Dann holte er Schwung und flog zum Fenster hinaus. Doch was war das? Seine Flügel waren auf einmal so schlapp. Er war das Fliegen überhaupt nicht mehr gewohnt. Schon nach ein paar Metern hatte er keine Kraft mehr. Er fiel hinunter in den weichen Schnee.

Die Freiheit war auf einmal gar nicht mehr so schön und erstrebenswert. Der Schnee war eiskalt und schmeckte nach gar nichts. Der kleine Vogel flatterte und piepste jämmerlich. Er sehnte sich zurück in seinen Käfig. Aber wie sollte er dort hinkommen?

Plötzlich landete neben ihm eine Kohlmeise im Schnee. „Piep, piep, was machst du denn hier?“, fragte sie.

„Ich wollte in die Freiheit. Aber jetzt möchte ich am liebsten wieder zurück in meinen Käfig. Aber ich kann nicht gut fliegen“, jammerte der Kanarienvogel.

„Ich weiß Hilfe“, meinte die Kohlmeise. „Warte einen Augenblick, ich bin gleich wieder zurück.“

Wenige Augenblicke später kam eine ganze Schar Kohlmeisen und Blaumeisen, Grünfinken und Spatzen angeflogen. Sie scharten sich um den erschrockenen kleinen Kanarienvogel. Und wie auf Kommando fingen alle laut an zu piepsen, zu zirpen und zu tschilpen.

Das hörte die Frau im Haus. Was war mit den Vögeln los? Was hatte das zu bedeuten? Die Frau schaute aus dem Fenster. Da sah sie den kleinen gelben Kanarienvogel. *Ihren* Kanarienvogel. Sie eilte hinaus und hob ihn vorsichtig aus dem Schnee. Die warme Hand tat dem kleinen Vogel sehr gut. Er ließ sich gerne zurück in den Käfig tragen.

Nie wieder wollte er in die Freiheit fliegen, denn zu Hause ging es ihm ja viel besser. Das wusste er jetzt ganz genau.

Nur die allerbesten Birnen

Vor vielen Jahren lebte einmal ein feiner, reicher Herr in einem prächtigen Haus. Das Haus hatte zehn Zimmer, die er allein gar nicht bewohnen konnte. Der feine Herr besaß sehr viel Geld und daher konnte er sich alles kaufen. Alles, was sein Herz begehrte.

In seinem Kleiderschrank hingen die kostbarsten Anzüge und Mäntel. An seinem Gürtel hing eine goldene Taschenuhr. Im Wohnzimmer standen silberne Kerzenleuchter auf dem Tisch und seine Badewanne war aus kostbarem weißem Marmor. Er wollte immer nur das Allerbeste.

Der feine Herr hatte einen treuen Diener. Eines Tages schickte der Herr seinen Diener zum Markt, um Birnen zu kaufen. Er sagte: „Bring mir die besten Birnen. Aber wirklich nur die allerbesten!"

Der Diener lief los. Auf dem Markt lief er von Obststand zu Obststand und besah sich die Birnen. Die Markthändler priesen ihre Birnen an. Süß und saftig wären sie. Und ein jeder meinte, dass er die allerbesten Birnen hätte.

Doch waren die Birnen wirklich süß und saftig? Von außen sahen alle gleich grün aus. Der Diener wurde nervös und fing an zu schwitzen.

Da meinte ein Kaufmann: „Probier eine von meinen Birnen. Dann merkst du, dass sie süß und saftig sind."

Der Diener probierte. Richtig, die Birne war gut, süß und saftig. Doch er war noch nicht zufrieden. „Wie soll ich wissen, ob die anderen Birnen auch so gut sind?", sagte er. „Ich habe schließlich nur die eine probiert. Mein Herr wünscht für sich nur das Allerbeste."

Er dachte kurz nach. Da hatte er eine Idee. Er wählte zehn Birnen aus und biss kurz entschlossen in jede von ihnen hinein. Wenn die Birne süß und saftig war, dann wanderte sie in seinen Korb. Er bezahlte und eilte freudig nach Hause zu seinem Herrn.

„Bitte sehr, mein Herr, alle Birnen sind hervorragend. Sie sind lecker, süß und saftig", sagte der treue Diener und reichte seinem Herrn den Korb.

Als der Herr die angebissenen Birnen sah, bekam er große Augen. Er schimpfte und jagte seinen treuen Diener aus dem Haus.

Ja, da hatte es der Diener wohl zu gut gemeint. Das wusste der feine Herr nicht zu schätzen.

Das Weihnachtsfest der Mäuse

Weihnachten war längst vorbei und das neue Jahr hatte angefangen. Um genau zu sein: Das neue Jahr war sieben Tage alt. Familie Engelmann verstaute die Christbaumkugeln, das Lametta, die Lichterketten und Sterne in eine große Kiste. Zusammen mit einem abgeknusperten Knusperhäuschen wurde alles auf den Dachboden gebracht. Dort lag es gut bis zum nächsten Fest.

Auf dem Dachboden wohnte eine Mäusefamilie. Die Mäusemutter war ständig auf Futtersuche, damit ihre Jungen satt wurden. Sie schnupperte hier, sie schnupperte da. Sie huschte hierhin, sie huschte dorthin, sie huschte in alle Winkel.

So auch an diesem kalten Januarmorgen. Die Mäusemutter roch etwas, das gestern noch nicht zu riechen gewesen war. Es roch würzig, süß und lecker. Irgendwie nach Honig. Schnuppernd ging sie dem Geruch nach.

„Oh“, sagte sie, als sie vor dem abgeknusperten Häuschen stand. „Was ist denn das für ein Ding? Mmh, wie das duftet!“ Hier und da hingen noch ein Stückchen Schokolade, ein Marzipanrest und ein bisschen Zuckerguss. Die Mäusemutter kostete vorsichtig und meinte: „Gut! Sogar die Wände schmecken.“

Sie rief ihre Jungen und den Mäusevater. „Fiep, fiep, fiep!“ Im Nu waren alle da. Die kleinen Mäuse huschten auf ihren kurzen Beinchen um das Knusperhäuschen herum. Da lag noch ein Marzipanpantoffel von der alten bösen Hexe, ein Eiszapfen aus Zuckerguss hing noch am Dach. Ein Mäusejunges stellte sich auf die Hinterbeinchen und sprang hoch. Klick, brach der Zapfen ab und das Mäuschen purzelte mit ihm zu Boden. Puderzuckerreste machten das kleine graue Mäuschen zu einem weißen Mäuschen.

Der kräftigste kleine Mausejunge war geschickt auf das Dach geklettert. Er beugte sich über den Schornstein, um hineinzusehen. Plötzlich war er verschwunden. Aufgeregt sprang die Mutter um das Häuschen herum und rief nach ihrem Jungen. „Fiep, fiep, fiep."

„Hier bin ich, Mutter", rief eine Stimme im Knusperhäuschen. Die Mutter spitzte ihre Ohren, die vor Aufregung zitterten.

Quietschvergnügt kam der kleine Mausejunge durch die Tür heraus. Ihm war nichts geschehen. Nun sprangen auch die anderen Mäusekinder ins Knusperhäuschen hinein. Drinnen gab es bestimmt jede Menge zu entdecken. Die Mutter kam nach und dann feierten die Mäuse ein großes Fest. So gut hatten sie es noch nie.

„Lebkuchen und Marzipan sind doch das beste Mäusefutter!", rief die Mutter.

Der Mäusevater nagte indessen den Baumstamm von der Lebkuchentanne an. Er ließ sich gar nicht stören. Sein Bauch war schon kugelrund. Knispel, raspel, knister, knaster, der Stamm wurde immer dünner. Er knabberte und nagte, schmatzte und leckte sich das Mäulchen, er konnte gar nicht genug bekommen.

Plötzlich begann der Tannenbaum zu wackeln. Gerade als der Mäusevater noch einmal in den schon schmalen

Stamm beißen wollte, da krachte es. Die Tanne fiel um. Sie fiel genau auf den Mäuserich und verdeckte ihn ganz. Die Familie sprang herbei und im Handumdrehen war er wieder befreit. Sein ganzes Fell war voller Krümel. Alle lachten, nur der Mäusevater nicht. Ihm war auf einmal übel.

„Ja, was zu viel ist, ist zu viel. Das hast du nun vom vielen Naschen! Frohe Weihnachten, ihr Lieben!“, rief die Mäusemutter und lachte.

Umzug nach „Herzhausen“

Ich möchte Ihnen heute eine Geschichte erzählen. Sie ist mir so in Erinnerung geblieben, als wäre sie erst gestern geschehen. Dabei ist alles schon siebzig Jahre her. Ich war gerade acht Jahre alt. Menschenskinder, wie die Zeit vergeht! Damals war es noch nicht selbstverständlich, dass es in jedem Haus eine Toilette mit Wasserspülung gab. Bei vielen Familien gab es nur ein Plumpsklo. Also ein Klo ohne Wasserspülung. Da fiel alles gleich tief nach unten. Plumps!

Wir hatten ein kleines rotes Holzhäuschen im Garten. Dort war unser Klo. In der Tür war ein Herz ausgesägt. Und darum nannten wir diesen Ort „Herzhausen“. Für mich war es ein ganz gemütlicher Ort. Wir hatten damals sogar ein zweites Klo im Haus. Dort gab es auch eine Wasserspülung. Aber mir war das Holzhäuschen lieber, weil ich da meine Ruhe hatte.

Es war an einem Freitagnachmittag, genau zwei Tage vor Heiligabend. Mein Vater hatte mit mir geschimpft. Er behauptete, ich hätte seinen Tintenfüller genommen, aber das stimmte gar nicht. Papa fasste mich hart am Arm und schickte mich zu Bett. Ohne Abendbrot!

Und Mama? Die hielt natürlich zu Papa.

Da wurde ich sehr traurig. Ich fand, dass man nicht bei Eltern bleiben kann, die einen so schlecht behandeln. Darum wollte ich ausziehen. Wohin? Ja, wohin sollte ich gehen? Da kam mir eine Idee. Ich wollte nach „Herzhausen" ziehen. Noch in der Nacht packte ich mein Bündel. Sollen sie doch ohne mich Weihnachten feiern!

Am nächsten Morgen verabschiedete ich mich von meinen Eltern. Ich machte ihnen klar, dass ich nicht die Absicht hätte, wiederzukommen. Weihnachtsgeschenke wollte ich auch keine. Und überhaupt, ich würde keine Füllfederhalter stehlen. Damit war alles gesagt – und weg war ich.

So gut es ging, richtete ich mich an dem Samstagmorgen in „Herzhausen" ein. Ich erinnere mich noch gut, dass es an diesem Tag besonders kalt war. Draußen fing es an zu schneien. Das sah ich durch das kleine Herzfenster. Ich fror erbärmlich und überlegte, was Mama und Papa wohl gerade machten. Ob Mama mich vermisste? Ob sie um mich weinten? Ja, ich machte mir so meine Gedanken.

Am Nachmittag aß ich ein paar Kekse und las in meinem Märchenbuch.

Am Abend dachte ich an das bevorstehende Weihnachtsfest. Ich dachte an den bunt geschmückten Weihnachtsbaum und an die Bescherung. Ich dachte an Kartoffelsalat mit Würstchen und daran, dass ich all das dieses Jahr nicht erleben würde. Vielleicht nie mehr? Vielleicht würde ich für immer in „Herzhausen“ bleiben. Wer weiß …

Auf einmal fühlte ich mich schrecklich einsam in „Herzhausen“. Und ich muss gestehen, dass mir vor lauter Heimweh die Tränen kamen. Ich hielt es kaum noch aus in dem kleinen Holzhäuschen. Rasch schob ich den Riegel an der Tür zurück und sprang hinaus in den Garten. Ich rannte ins Haus und stürzte in die Küche. Weinend fiel ich meiner Mutter in die Arme.

„Ich verzeihe euch“, sagte ich schluchzend.

„Danke, mein Kind“, sagte meine Mutter. Und Vater rief: „Es tut mir leid! Gut, dass du wieder da bist!“

Nun konnte Weihnachten werden.

So war die Geschichte noch einmal gut ausgegangen. Es geht doch nichts über ein warmes und fürsorgliches Zuhause. Wir machen doch alle mal einen Fehler. Da ist es wichtig, dass wir uns schnell wieder verzeihen. Wie gern denke ich an diese Geschichte zurück.

In der Jugendherberge

Als ich ein junger Bursche war, da saß das Geld nicht so locker. Man musste jeden Pfennig dreimal umdrehen, bevor man ihn ruhigen Gewissens ausgeben konnte.

Damals fühlte ich mich mit meinen sechzehn Jahren schon fast wie ein Mann. Wie gern hätte ich mir mal was Schickes zum Anziehen gekauft oder wäre ins Kino gegangen. Ich wollte so viel erleben und unternehmen, aber es war nicht drin. „Ohne Moos nix los", sagte mein Vater manchmal. Und er hatte recht.

Als es Sommer wurde, beschloss ich, zusammen mit einem guten Freund eine Wanderung zu unternehmen. Das war nicht teuer und wir konnten es uns von unserem wenigen Geld leisten. Im Nachbarort gab es eine Jugendherberge. Dort konnte man für ein paar Mark übernachten.

Frühmorgens marschierten wir los. Hinaus in Gottes schöne Natur. Bei strahlendem Sonnenschein wanderten wir stundenlang durch Wald und Flur, vorbei an gelben Getreidefeldern. Am Rand der Felder wuchsen blaue Kornblumen und rote Mohnblumen. Als wir schon nicht mehr daran glaubten, unser Ziel zu erreichen, hörten wir auf einmal Mädchenstimmen. Die Mädchen kicherten, kreischten wild und lachten ausgelassen. Hier waren wir richtig!

Als wir die Jugendherberge erreichten, war es schon früher Abend. Der Herbergsvater zeigte uns den Schlafsaal und wir suchten uns ein Bett aus.

Am Abend, als der Mond und die Sterne am Himmel standen, gesellten wir uns zu den Mädchen, die hinter dem Haus ein Lagerfeuer entzündet hatten. Am knisternden Feuer erzählten wir ihnen schaurige Geschichten. Die Mädchen gruselten sich – und da kam uns eine Idee.

In der Nacht, als alle in ihren Betten lagen und schliefen, hüllten wir uns in die weißen Bettlaken. Auf leisen Sohlen schlichen wir zum Schlafsaal der Mädchen. Vorsichtig öffneten wir die Tür. Alle schliefen friedlich. Einige schnarchten sogar und ein Mädchen sprach im Schlaf. Wir mussten uns das Lachen verkneifen. Dann ging es los. Wir heulten so unheimlich wie nur möglich: „Hui, huhu, hui, hui, huhu“. Dabei sprangen wir von Bett zu Bett. Die Geisterstunde war eingeläutet.

Die Mädchen schrien und kreischten vor Schreck. Einige krochen unter die Decken, andere sprangen auf und rannten aus dem Schlafsaal. Wir hatten unseren Spaß dabei und heulten, was das Zeug hielt. Dabei wedelten wir mit den weißen Laken, es sollte schön gruselig sein. Doch einer verstand keinen Spaß: der Herbergsvater. Er kam herangeschlurft und setzte dem Spuk ein Ende.

Die Strafe folgte auf dem Fuß. Mein Freund und ich mussten am nächsten Morgen das gesamte Frühstücksgeschirr spülen. Und damit noch nicht genug, denn wir mussten auch noch die ganze Jugendherberge ausfegen. Da hatten die Mädchen ihren Spaß! Doch als wir unsere Strafe abgearbeitet hatten, wanderten wir fröhlich pfeifend weiter. Und so manches Mal mussten wir noch laut lachen, wenn wir an diesen gelungenen Streich dachten.

Familie Igel sucht ein neues Zuhause

Früh am Morgen, als die ersten Strahlen der Herbstsonne hervorblitzten, wurde Familie Igel wach. Mutter Igel und sechs Igelkinder begannen sich zu räkeln. Doch so richtig ausstrecken konnten sie sich nicht. Dafür war die Kinderstube zu eng. Viel zu eng.

Die Igelmutter machte sich Sorgen. Der Winter war nicht mehr fern. Wie sollte sie in dieser engen Kinderstube mit ihren schon ziemlich großen Kindern überwintern? Sie brauchten dringend eine neue Wohnung, und zwar schnell.

Nach dem Frühstück marschierten sie los. Mutter Igel hatte einen Garten auf der anderen Straßenseite als Ziel ausgesucht. Sicherlich gab es dort einen schönen warmen Blätterberg oder einen Holzstapel zum Unterschlüpfen. Doch bis dahin war es ein weiter Weg. Sie mussten eine breite Straße überqueren und das war gefährlich. Es knatterte und ratterte, es brummte und hupte. Und es roch auch nicht sonderlich gut.

Mutter Igel blickte nach links und nach rechts. Nein, da fuhren zu viele Autos! Personenwagen und Lastwagen, Motorräder und Busse. Wie sollten sie bloß auf die andere Straßenseite kommen? Mutter Igel hatte Angst und blieb mit ihren Kindern am Straßenrand stehen. Sie warteten.

Plötzlich quietschten Bremsen. Ein Polizeiauto hielt an und ein Polizist stieg aus. Er hielt eine Kelle in der Hand und stellte sich mitten auf die Straße. Dann hob er die Kelle. Das hieß: Stopp, alle müssen halten. Und schon blieben die Fahrzeuge stehen.

„Warum müssen wir halten?“, rief ein Autofahrer ungeduldig.

Ein anderer fragte aus dem Fenster heraus: „Ist das eine Verkehrskontrolle?“

Ein dritter Autofahrer wollte wissen, ob es einen Unfall gegeben hätte.

„Weder noch“, sagte der Polizist freundlich, „schauen Sie doch, Mutter Igel möchte mit ihren Kindern auf die andere Straßenseite. Da müssen wir doch halten, oder?“

„Natürlich“, rief jemand.

„Wir halten gern!“, rief ein anderer.

Nun marschierte Mutter Igel los. Hinter ihr liefen sechs Igelkinder, alle hübsch in einer Reihe, immer der Mutter hinterher. Die Autofahrer staunten nicht schlecht. Der Polizist dachte: Hoffentlich rollen sich die Igel jetzt nicht vor Angst zusammen …

Die Igelmutter hatte bereits mit einem ihrer Kinder die andere Straßenseite erreicht. Vier weitere folgten zügig auf ihren kurzen Beinchen. Nur das sechste Igelkind ließ sich Zeit. Erst schnupperte es in die Luft hinein, dann bekam es plötzlich Angst und rollte sich zusammen. Ach du Schreck, jetzt lag mitten auf der Straße ein stacheliger Igelball.

„Auch das noch“, stöhnte der Polizist. Anstupsen half nichts. Anfassen wollte er den Igel auch nicht wegen der Stacheln. Da stieg ein Lastwagenfahrer aus. Er zog sich Arbeitshandschuhe über und hob den Igel vorsichtig hoch. Behutsam trug er ihn auf die andere Straßenseite und setzte ihn bei Mutter Igel ab. Nun verschwanden alle Igel auf ihren kurzen Beinchen im Straßengraben. Die Igelfamilie konnte ihren Weg fortsetzen und die Autofahrer durften weiterfahren. Sie winkten dem netten Polizisten noch einmal zu und riefen der Igelfamilie „Gute Reise“ hinterher.

Der erste Kuss

Können Sie sich noch an Ihren ersten Kuss erinnern? Denken Sie mal nach!

Genau das tat Ilse an einem Nachmittag im Frühling. Sie saß am Küchentisch, vor sich ein altes Fotoalbum. Sie schmunzelte schelmisch. Zärtlich strich sie mit dem Zeigefinger über ein altes, fast schon vergilbtes Schwarz-Weiß-Foto. Und just in diesem Moment fiel ihr der erste Kuss in ihrem Leben ein. Sie schwelgte in Erinnerungen.

Es war vor genau fünfundfünfzig Jahren gewesen, als ihre Liebesgeschichte begann. Ilse war damals achtzehn Jahre alt gewesen. Alle wunderten sich darüber, dass Ilse von heute auf morgen zu einer emsigen Kirchengängerin geworden war. Das war vorher nicht so gewesen. Was war passiert?

Nun, es gab da einen stattlichen jungen Mann, den Ilse kennengelernt hatte, und der besuchte an jedem

Sonntag den Gottesdienst. Weil sie ihn unbedingt wiedersehen wollte, ging sie nun auch jeden Sonntag in die Kirche. Sie saß dann in der Bank und nutzte jeden günstigen Moment, um zu ihm hinüberzusehen. Ach, was war das für ein gut aussehender Mann! Er hatte schwarze Haare, trug ein Lippenbärtchen und war so gut gekleidet ... Ja, Ilse war verliebt. Unsterblich verliebt.

Die Frühlingsluft duftete nach Blumen und Ilse duftete nach Lavendelparfüm. Sie zog ihre besten Kleider an und wusch sich die Haare mit Maiglöckchenseife. Doch er bemerkte sie nicht.

So kam es, dass sie eines Sonntags in der Kirche saß und im Stillen betete. „Lieber Gott, mach doch, dass er mich ansieht!" Ja, Ilse hatte zum ersten Mal gebetet.

Verstohlen sah sie zu dem netten jungen Mann hinüber. Nichts. Da kam auch schon der Klingelbeutel. Ilse griff in ihre Jackentasche und warf etwas in den Beutel.

„Das ist ein Taschentuch, mein Fräulein", sagte jemand.

„Oh", meinte Ilse verlegen.

Ein leises Lachen ging durch die Reihe. Ilse schaute sich um – und siehe da, der junge Mann zwinkerte ihr zu und lachte. So fing alles an ... Und zwei Wochen später war es so weit: Hinter der Kirche, am Rande des Friedhofs kamen sie sich näher. Und noch ein Stückchen näher und noch ein winziges Stückchen näher und dann ... Dann folgte der erste Kuss. So herrlich prickelnd war es gewesen. Und es blieb nicht bei dem einen. Im Jahr darauf, es war auch im Frühling, wurde geheiratet. Ja, der Frühling mit seinen Frühlingsgefühlen hat es in sich.

Ilse klappte das Fotoalbum zu. Sie seufzte. Es war so eine schöne Zeit gewesen.

Aus dem Wohnzimmer rief eine Stimme: „Iiiilsee, wann gibt es Kaffee und Kuchen?“

Ja, und das ist er heute, der gut aussehende Mann aus der Kirche. Er hat zwar keine schwarzen Haare mehr, aber was macht das schon?

Ein Bauernhof unter dem Bett

Als Gerd noch ein kleiner Steppke war, wünschte er sich nichts sehnlicher als einen Bauernhof. Einen Bauernhof zum Spielen. Aus Holz und schön bunt lackiert. Mit braunen Pferden und schwarz-weißen Kühen, mit rosa Schweinchen und Hühnern, mit weißen Gänsen und einem großen Stall. Ganz groß hatte er den Bauernhof auf seinen Wunschzettel für das Christkind gemalt. Schreiben konnte er noch nicht.

Nun war es nur noch eine Woche bis Weihnachten. Gerd konnte es vor Ungeduld kaum noch aushalten. Und weil er ein sehr neugieriger kleiner Junge war, entdeckte er eines Nachmittags einen Karton unter dem Bett seiner Mutter. Vorsichtig öffnete er den Deckel und schaute hinein. Was er dort sah, ließ sein Herz höherschlagen. In dem Karton lag doch tatsächlich, schön in Holzwolle verpackt, ein bunter Holzbauernhof! Mit vielen Tieren und einem großen Stall, genau so, wie er ihn sich gewünscht hatte. Es duftete alles schön frisch lackiert nach Farbe.

„Aha“, dachte er, „der Bauernhof wird also an Heiligabend unter dem Tannenbaum liegen.“ Natürlich durfte niemand erfahren, dass er den Karton gefunden hatte. Das war sein großes Geheimnis. Und er hatte Glück. Die Eltern merkten nichts. Sie ertappten ihn nicht, wenn er sich manchmal heimlich ins Schlafzimmer schlich und ganz vorsichtig mit den Holzfiguren spielte. Anschließend legte er jedes Teil sorgfältig zurück in den Karton.

Der kleine Gerd konnte es kaum erwarten, dass endlich Weihnachten wurde.

Als die Kerzen am Baum brannten und Gerd das geschmückte Wohnzimmer betreten durfte, sah er sein Geschenk. Doch blitzartig überfiel ihn eine tiefe Enttäuschung. Unter dem Tannenbaum lag eine Dampfmaschine. Weit und breit war nichts von dem schönen Bauernhof zu sehen! Gerd versuchte, seine Enttäuschung zu verbergen, aber er konnte die Tränen nicht zurückhalten.

Die Mutter gab nicht eher Ruhe, bis Gerd alles erzählt hatte. Dann sagte sie: „Der Bauernhof gehörte uns nicht. Der war für den kleinen Willi nebenan. Das Christkind hat nur den Karton hier abgestellt. Dafür wurde deine Dampfmaschine bei den Nachbarn aufgehoben.“

Gerd war sehr traurig. Am nächsten Morgen, es war der erste Weihnachtstag, ging er nach nebenan zu seinem Freund Willi. Der war auch nicht glücklich. Er hatte nämlich schon heimlich mit der Dampfmaschine gespielt. Einen Bauernhof hatte er sich gar nicht gewünscht.

„Was soll ich nur damit?“, fragte er mit Tränen in den Augen.

„Weißt du was? Wir tauschen einfach die Geschenke“, schlug Gerd vor. Gesagt, getan! Nun hatten beide, was sie sich gewünscht hatten. Die Welt war wieder in Ordnung und es wurde doch noch ein schönes Weihnachtsfest.

Am Nikolaustag

Weihnachtliche Düfte zogen durch das kleine Reihenhaus. Es roch nach Vanille und Zimt, nach Lebkuchen und gerösteten Mandeln. Es duftete lecker nach Marzipan, Apfelsinen und Äpfeln. Die Mutter hatte viele Weihnachtsplätzchen gebacken und aufgepasst, dass nicht schon zu viel genascht wurde.

Es war der 5. Dezember, also der Tag vor Nikolaus. Jakob war mit seinen sechs Jahren der Älteste von vier Geschwistern. Er war auch als Erster zur Stelle, als die Mutter am Abend die Kinder rief. Sie hielt vier bunte

Teller in der Hand und erklärte: „Jeder von euch bekommt einen Teller von mir. Die Teller dürft ihr auf den großen eisernen Herd in der Küche stellen, direkt unter den Kamin. In dieser Nacht kommt ja, wie ihr wisst, der Nikolaus. Er kommt nur zu den braven Kindern und füllt ihre Teller. Nun lauft in die Küche und stellt schön artig, der Reihe nach, die Teller auf. Nicht zu weit in die Mitte, das sieht zu gierig aus. Aber auch nicht zu weit nach außen."

Jakob war als Erster am großen eisernen Herd und schob seinen Teller neben das Feuerloch. Die anderen Kinder stiegen auf einen Hocker und stellten ebenfalls ihre Teller auf. Dann war es Zeit, ins Bett zu gehen. Doch an diesem Abend konnte Jakob einfach nicht einschlafen. Der Mond, der zum Fenster hereinschien, war so hell. Und außerdem waren da Geräusche zu hören. Da knisterte doch etwas! Sicherlich war der Nikolaus gerade über den Kamin geflogen. Vielleicht hatte er Geschenke gebracht?

Jakob war neugierig und stand leise auf. Er schlich in die Küche, aber da war noch gar nichts zu sehen, die Teller waren noch alle leer. Und weil er sich besonders viel und ganz schöne Sachen vom Nikolaus wünschte, beschloss er, seinen Teller direkt unter den Kamin zu schieben. Genau in die Mitte des Herdes. Sein Herz klopfte laut vor Aufregung. Dann schlich er zurück und kroch unter seine Bettdecke.

Am nächsten Morgen versammelten sich alle vor der geschlossenen Küchentür. Die Mutter öffnete die Tür und ging voraus. Dann gab sie jedem Kind einen Teller. Die Teller waren bunt gefüllt mit Äpfeln, Nüssen und Zimtsternen, mit Marzipan und Schokolade. Dazu gab es für jeden ein kleines Geschenk. Ein Malbuch, eine lustige Pudelmütze, ein paar Glasmurmeln. Doch oweh, Jakobs Teller war leer! Und für ihn gab es auch kein Geschenk. Jakob schaute dumm drein.

„Na", fragte die Mutter, „was das wohl zu bedeuten hat? Sicherlich warst du zu gierig und hast deinen Teller genau in die Mitte geschoben, um am meisten zu bekommen. Aber das mag der Nikolaus gar nicht."

„Ja, Mama", gab Jakob kleinlaut zu. Er hatte einen dicken Kloß im Hals. Die Geschwister gaben ihm etwas von ihren Tellern ab, aber Jakob weinte trotzdem.

Am Abend durfte er seinen Teller noch einmal auf den Herd stellen. Die Mutter meinte, der Nikolaus würde manchmal noch einmal zurückkommen. Und tatsächlich lagen am anderen Morgen viele bunte süße Sachen auf Jakobs Teller. Ein kleiner Spielzeugtraktor war auch dabei. Jakob war selig.

Er nahm sich vor, nie wieder so gierig zu sein. Und bis heute muss Jakob immer wieder an diesen besonderen Nikolaustag denken.

Milch macht schön

Der Frühling zeigte sich von seiner schönsten Seite. Warm schien die Sonne vom klaren blauen Himmel. Aus dem nahen Wald rief der Kuckuck. Mit munteren Gesängen begrüßten die Vögel auf ihre Weise den Frühling. In den Vorgärten blühten kunterbunte Primeln und gelbe Narzissen. Die Menschen freuten sich, dass sie ihre dicken Wintermäntel zu Hause lassen konnten. Jetzt reichte eine leichte Frühjahrsgarderobe. Die Welt war bunt und überall roch es so gut.

Um den Frühlingsduft ins Haus zu lassen, öffnete Liesbeth am frühen Morgen alle Fenster. Den Frühjahrsputz hatte sie schon hinter sich. Die ganze Wohnung roch frisch und sauber. Jetzt war erst mal Kuchenbacken angesagt, weil ihr Mann Franz Geburtstag hatte.

Liesbeth schaltete den Fernseher an. Ein wenig Unterhaltung konnte für ein paar Minütchen nicht schaden. Liesbeth hörte, wie der Sprecher gerade sagte: „Milch macht schön, meine Damen!“ Das wollte Liesbeth genauer wissen und setzte sich. Schließlich konnte man nicht schön genug sein. Sei es für den eigenen Mann oder für den netten Nachbarn. In den nächsten zehn Minuten hörte man von Liesbeth nur noch: „Aha! So, so … gut! Aha, das habe ich im Kühlschrank …“

Ein netter und gut aussehender Mann erzählte im Frühstücksfernsehen, wie die Frauen durch Milch schöner werden könnten. Er sagte: „Gerade jetzt im Frühling ist es goldrichtig, etwas für die Schönheit zu tun. Milch von innen und von außen. Wie auch immer, Milch ist gesund. Und bei richtiger Anwendung wirkt sie Wunder! Milch und Quark mit etwas Honig und Zitronensaft fürs Gesicht – und Sie sehen zehn Jahre jünger aus. Mit den richtigen Zutaten und der richtigen Anwendung können Sie Falten den Abschied erklären, meine Damen."

Liesbeth lief in die Küche und öffnete den Kühlschrank. Milch, Quark, Sahne, alles war da. Wenn auch für den Geburtstagskuchen, doch der konnte warten. Die Schönheit ging vor.

Liesbeth ließ sich Badewasser einlaufen. In das Wasser kamen die Milch und die Sahne. Ein Bad, wie Cleopatra es liebte, und Liesbeth stieg in die Wanne. Wohlig streckte sie sich aus und fühlte sich schon wenig später so schön wie Cleopatra. Ich muss unbedingt meine Freundin anrufen und ihr davon erzählen, dachte Liesbeth. Oder lieber nicht? Nachher wird sie noch schöner als ich ...

Als Liesbeth mit dem Bad fertig war, trank sie ein Glas Milch. Das war für die Schönheit von innen. Als Nächstes kamen der Quark, etwas Honig und ein paar Tropfen Zitronensaft in eine Schüssel. Liesbeth mischte alles gut zusammen – und fertig war die Gesichtsmaske. Liesbeth trug den Quark großzügig im Gesicht auf. Es war reichlich da, daher konnte sie auch noch den Hals und das Dekolleté einschmieren. Liesbeth sah aus wie ein Gespenst, als sie sich auf das Sofa legte. Jetzt war Entspannung angesagt. Und tatsächlich, Liesbeth konnte sich entspannen. So gut, dass sie einschlief. Sie schlief zwei Stunden lang.

Erst ein Schrei weckte sie wieder. Franz war von der Arbeit nach Hause gekommen und war sehr erschrocken, als er seine Frau sah.

„Um Himmels willen, was ist denn das?“, rief er. Liesbeths Quarkmaske war steinhart geworden und hatte Risse bekommen. Ihr Gesicht sah aus wie eine bröckelige Mauer. Das war zu viel für Franz, fast hätte er seine Frau nicht erkannt.

Liesbeth brauchte sehr lange, bis alles abgewaschen war. Doch dann präsentierte sie sich ihrem Mann und fragte stolz: „Na? Wie sehe ich aus?“

„Wie immer“, sagte Franz. „Aber wolltest du nicht einen Kuchen backen?“

„Kuchen gibt es heute nicht, dafür bekommst du eine schöne Frau“, meinte Liesbeth.

„Wann und wo kriege ich die?“, fragte Franz.

„Also hör mal, die sitzt vor dir!“, rief Liesbeth entrüstet. Sie war ein bisschen enttäuscht. Was die Leute im Fernsehen immer erzählten! So ein Unsinn!

Das allerneueste Staubsaugermodell

Der zweite Sonntag im Mai gehört der Frau – oder besser gesagt: der Mutter, denn es ist Muttertag.

Auch Frau Krause war Mutter und freute sich auf diesen Tag. Sie wollte sich einmal ordentlich verwöhnen lassen. Doch bis es so weit war, musste erst der Frühjahrsputz geschafft werden.

Es war Mittwochvormittag, so gegen zehn Uhr. Frau Krause hatte schon das Bad geputzt und sich gerade aufs Sofa gesetzt, um einen Moment zu verschnaufen. Da schellte es an der Haustür. Seufzend stand Frau Krause auf und öffnete.

Vor der Tür stand ein Mann mit einem großen schwarzen Koffer. Der Mann verbeugte sich leicht und sagte höflich: „Guten Morgen, Frau Krause. Darf ich mich vorstellen? Müller, Walter Müller. Ich möchte Ihnen gerne mein neuestes Staubsaugermodell zeigen. Darf ich eintreten?“

„Das passt mir gerade nicht so gut“, antwortete Frau Krause.

„Es dauert nicht lange. Sie werden begeistert sein, wenn Sie sehen, was das neue Staubsaugermodell alles kann“, sagte Herr Müller.

„Ja, aber es passt gerade nicht gut“, wiederholte Frau Krause verärgert. Doch der Staubsaugervertreter schlängelte sich geschickt an Frau Krause vorbei. Schwups, war er im Wohnzimmer. Und ebenso flink öffnete er den großen schwarzen Koffer. Er holte einen nagelneuen Staubsauger hervor.

Frau Krause setzte sich wieder aufs Sofa und schaute dem Mann zu. Es blieb ihr auch gar nichts anderes übrig. Herr Müller steckte den Stecker in die Steckdose und stellte den Staubsauger an. „Brrrrrrr.“ Das Modell sah hübsch aus und war gar nicht so laut.

Frau Krause meinte: „Ja, ich bin interessiert, aber ich müsste das erst mit meinem Mann besprechen."

„Ach was", sagte Herr Müller, „schließlich sind Sie die Hausfrau. Was weiß Ihr Mann schon von Hausarbeit! Und außerdem ist bald Muttertag." Er nahm einen Keks aus der Schale, die auf dem Wohnzimmertisch stand, und zerbröselte ihn. Die Krümel warf er auf den Teppich.

„Aber, Herr Müller, was machen Sie denn da?", rief Frau Krause ärgerlich.

„Nur keine Angst, unser neuestes Modell ‚de Luxe' wird die Krümel sofort schlucken", sagte Herr Müller beruhigend. Schwups, waren die Krümel weg! Jetzt war Frau Krause begeistert.

„Nun kommt das Beste", sagte Herr Müller und holte eine Trockenhaube aus dem großen schwarzen Koffer hervor. „Mit unserem Modell ‚de Luxe' können Sie sich auch ganz bequem die Haare trocknen. Darf ich es Ihnen mal vorführen?", fragte Herr Müller.

„Das passt gerade nicht so gut", meinte Frau Krause verdutzt. Doch ehe sie noch etwas sagen konnte, hatte sie schon eine Plastikhaube auf dem Kopf. Allerdings hing die Haube noch schlapp herunter. Herr Müller hantierte eifrig, schloss die Haube am Staubsauger an und schaltete ein. Die Haube blies sich auf und wärmte angenehm. Das gefiel Frau Krause.

„Das ist sehr schön und alles so bequem", meinte sie begeistert.

Der Vertreter lachte und sagte: „Sehen Sie, ich habe

nicht zu viel versprochen. Und das alles komplett für Sie. Und weil bald Muttertag ist, zu einem Sonderpreis."

„Das muss ich aber erst mit meinem Mann besprechen", sagte Frau Krause.

„Papperlapapp, machen Sie sich selbst ein Muttertagsgeschenk! Was meinen Sie, wie Ihre Freundinnen staunen, wenn Sie das allerneueste und modernste Modell haben", sagte Herr Müller. Er strahlte sie an.

„Also, ich weiß nicht", sagte Frau Krause unsicher.

„Denken Sie einmal an sich", meinte der Vertreter schmeichelnd.

„Sie haben recht, ich kaufe ihn", sagte Frau Krause nun überzeugt. Danach war die Geldbörse leer. Oje, was würde ihr Mann dazu sagen? Frau Krause hatte ein schlechtes Gewissen. Schließlich kauft man nicht so schnell was an der Tür. Aber gut war der Staubsauger schon, sie musste nur noch ihren Mann überzeugen … Und damit das ein bisschen leichter ging, gab es mittags sein Lieblingsessen, Schweinebraten mit Knödeln und Sauerkraut.

Ein Karpfen in der Badewanne

Darf ich mich vorstellen? Ich bin Konrad, der Karpfen, und ich lebe in einem wunderschönen Teich. Ich bin nicht mehr der Jüngste, ich habe sozusagen schon viele

Jahre auf meinem Fischbuckel. Aber es geht mir gut. Neulich habe ich etwas Aufregendes erlebt, das muss ich Ihnen erzählen …

Es war an einem wunderschönen Frühlingstag, als ich mich frühmorgens auf Futtersuche begab. Besonders gern fresse ich kleinere Fische, aber auch das moderige Grünzeug schmeckt mir sehr. Ich schwamm also ganz gemütlich auf dem schlammigen Grund meines Sees und hielt Ausschau nach Leckereien.

Erst kam ich an einem versunkenen Holzkahn vorbei, dann an einem alten Stuhl, den jemand vor Jahren einmal loswerden wollte. Daneben liegt eine Kaffeekanne und ein Stückchen weiter ein Schuh, in dem jetzt ein Aal wohnt. Ich kenne mich gut aus hier, schließlich ist das mein Jagdrevier.

Ich schaute nach rechts und nach links und nach oben. Libellen flogen über der Wasseroberfläche. Die schmecken zwar gut, aber das ist mir zu anstrengend. Wie gesagt, ich bin ja nicht mehr der Jüngste.

Die Frühlingssonne schien so schön und wärmte das Wasser. Plötzlich zappelte direkt vor meiner Nase ein Wurm. „Frühstück, blubb! O welch ein Gaumenschmaus! Ein dicker, fetter Wurm“, sagte ich noch und biss zu.

„Autsch!“ In meinem Maul stach es. Ich wusste gleich: Jetzt hat es dich erwischt! Ich hatte am Angelhaken eines Anglers angebissen und saß fest. Der Haken saß in meinem Maul fest und die Leine straffte sich. Ich spürte, wie ich langsam hochgezogen wurde.

„Nein! Nur das nicht, dieses Schicksal habe ich nicht verdient!“, rief ich und setzte mich zur Wehr. Mit aller Kraft zappelte ich und schlug mit der Schwanzflosse, dass es nur so klatschte. Doch ich wurde gnadenlos an die Wasseroberfläche gezogen. Ich bog mich, ich sprang und hopste. Vergeblich, denn ich landete in einem Eimer, in dem zum Glück klares Wasser war.

Eine halbe Stunde später, nachdem ich im Eimer kräftig durchgeschüttelt worden war, goss jemand das Wasser mit mir darin in eine Badewanne. Da schwamm ich nun in einer weißen Badewanne. Rundherum gab es weiße Fliesen, ein Waschbecken und ein Klo. Alles weiß! Nichts war mehr so wie zuvor. Das war das Ende!

Ich war gefangen und konnte überhaupt nichts tun, um meinem Schicksal zu entgehen. Einmal drehte ich mich auf die Seite und stellte mich tot. Aber da hörte ich nur die Worte: „Wir müssen ihn jetzt schon schlachten.“ Der Hausherr wetzte schon das Messer. Schnell drehte ich mich wieder um und da kam mir eine Idee. Ich wollte zutraulich werden. Und so reckte ich nun mein Maul aus dem Wasser, wenn mich jemand betrachtete. Ich ließ mich streicheln und schwamm lustige Pirouetten.

Nach drei Wochen, so lange muss ein Karpfen im klaren Wasser schwimmen, damit er schmeckt, wetzte man erneut das Messer. Ich bekam eine Fischgänsehaut. Plötzlich rief jemand: „Das können wir nicht machen, er gehört doch schon zur Familie!“

Dann kam ich wieder in den engen Eimer und wurde

erneut durchgeschüttelt. Ich hörte, wie die Familie rief: „Tschüss, mach's gut!“ Dann wurde ich ausgeschüttet. Schwupps, hinein in meinen See. Ich sah noch einmal zum Ufer, machte einen Freudensprung, der so manchen Delfin hätte erblassen lassen. Dann schwamm ich hinunter zum Grund in meine vertraute Umgebung. Endlich war ich wieder zu Hause!

Glauben Sie mir: Ich beiße in keinen Wurm mehr und achte stets darauf, dass keine Angelschnur am Futter hängt. Ja, und so lebe ich immer noch und schwimme gemächlich auf dem Grund meines Sees herum. Ich habe wirklich Glück gehabt!

Wie Herr Fensterle zu seinem Namen kam

Ein eleganter Herr betrat das Café. Er blickte sich suchend um, doch leider schienen alle Plätze besetzt zu sein. Die warme Frühlingsluft hatte die Menschen aus ihren Häusern gelockt. Und nun saßen sie alle bei Kaffee und Kuchen im Café. So kam es dem eleganten Herrn jedenfalls vor.

Herr Fensterle, so hieß der feine Herr, entdeckte zu seiner Freude doch noch einen freien Platz. Nach einer kurzen höflichen Verbeugung stellte er sich den anderen Herrschaften vor.

„Gestatten, Fensterle. Küss die Hand und Gott zum

Gruße", sagte er zu den Gästen, die bereits am Tisch saßen. Die Leute schmunzelten und er nahm Platz.

Eine Dame meinte: „Fensterle – das klingt aber lustig. Können Sie mir verraten, woher der Name stammt?"

Der elegante Herr nickte: „Ja, in der Tat, der Name ist wirklich ungewöhnlich. Vollständig heiße ich übrigens Romeo Fensterle. Und wenn es Sie interessiert, erzähle ich gern, wie meine Familie zu diesem Namen kam." Die Leute am Tisch wollten es gerne wissen und lauschten gespannt, als Herr Fensterle zu erzählen begann.

„Also, es war vor langer Zeit ... und damit meine ich Hunderte von Jahren! Damals lebte ein Mann mit Namen Romeo. Dieser Romeo war jung und schön und er liebte eine ebenso junge und schöne Frau. Diese Frau hieß zufällig Julia. Romeo und Julia durften sich nicht sehen und darum trafen sie sich heimlich.

Es war im Frühling. Romeo wurde vom Duft der Blumen leichtsinnig und übermütig. Er war voller Abenteuerdrang. Eines Abends stand er voller Sehnsucht unter dem Fenster seiner geliebten Julia. Er rief leise ihren Namen, aber Julia schlief schon und hörte ihn nicht.

Da nahm Romeo sich eine Leiter und stellte sie unter das Fenster. Leise kletterte er Stufe für Stufe die Leiter hinauf. Er passte gut auf, dass er dabei keine Geräusche machte. Oben angekommen, klopfte er vorsichtig ans Fenster.

Plötzlich krachte es. Eine Leitersprosse war gebrochen. Romeo polterte die Leiter hinunter und landete unsanft im Blumenbeet. Er schrie auf, denn er hatte sich tüchtig wehgetan. Sein rechter Fußknöchel schmerzte, die Rippen taten weh und er konnte sich nicht mehr rühren.

Aber nun rührten sich andere Leute. Alle Bewohner des Hauses und die gesamte Nachbarschaft waren wach geworden. Sie lachten Romeo aus und machten Witze über ihn. Einer rief: ‚Noch grün hinter den Ohren, aber schon fensterln wollen!'

So kam es, dass Romeo nur noch Fensterle genannt wurde. Doch allen zum Trotz heiratete Romeo ein paar Jahre später seine Julia. Der Familienname blieb bestehen, das hatte sich über die Jahre so eingeprägt. Wenn in der Familie in späteren Generationen ein Sohn geboren wurde, bekam der Älteste immer den Namen Romeo – so wurde es Tradition. Und darum heiße auch ich Romeo Fensterle ... Zum Glück habe ich nur Töchter."

Mit diesen Worten beendete der elegante Herr Fensterle seine Geschichte. Die anderen Gäste am Tisch schmunzelten und luden Herrn Fensterle zu Kaffee und Kuchen ein. Es wurde noch ein schöner Nachmittag im Frühling.

Alles in Butter

Rüdiger Schulze hatte fünfzig Jahre als Koch gearbeitet. Nun hatte er das Rentenalter erreicht. Im schönen Monat Mai war sein letzter Arbeitstag gewesen. Kochkleidung und Kochbücher verstaute er sofort im Schrank.

Es war Frühling und alle Menschen arbeiteten im Garten oder flanierten in leichter Garderobe durch die Straßen. Die Luft war frisch und es roch nach Hyazinthen und anderen Frühlingsblumen. Alle hatten gute Laune und waren unternehmungslustig. Alle – nur Rüdiger nicht.

Er saß schlecht gelaunt in seinem Lieblingssessel. Morgens las er die Zeitung und dann stellte er den Fernsehapparat an. Er schaute sich eine Kochsendung nach der anderen an und zog dabei ein grimmiges Gesicht. Wer sich ein wenig im Fernsehprogramm auskennt, der weiß, wie viele Kochsendungen es gibt! Kochduelle, Küchenschlachten, Kochen mit Johann Lafer und Horst Lichter, Kochtipps am Mittag und vieles andere mehr. Ja, man konnte problemlos einen ganzen Tag mit Kochsendungen vor dem Fernseher verbringen. Und das tat Rüdiger, sehr zum Leidwesen seiner Frau.

Rüdiger hatte an allen Rezepten etwas auszusetzen. Einmal rief er: „Viel zu viel Butter! Oje, da gehört kein Majoran hinein! Was nehmen die nur für neumodische Gewürze! Salz und Pfeffer tun es auch!“

Ein anderes Mal hörte man ihn schimpfen: „Das kann ich aber besser!“

Einmal rief er sogar: „Das frisst doch kein Schwein! Und ich würde es auch keinem Hund vorsetzen! Ihr müsstet mich mal ranlassen!"

In diesem Moment kam seine Frau Agathe ins Zimmer. Besorgt schaute sie zu ihrem Mann und fragte: „Ist alles in Ordnung, Rüdiger?"

„Alles in Butter", sagte Rüdiger.

„Willst du mir ein wenig im Haushalt helfen?", fragte Agathe.

„Ich bin Rentner. Ich habe lange genug gearbeitet!", war die Antwort.

„Und wie wäre es mit einem Spaziergang?", fragte Agathe hoffnungsvoll. „Schau mal, die Frühlingssonne lacht so schön."

„Ich habe mich fünfzig Jahre lang reichlich bewegt. Nun muss es gut sein", brummte Rüdiger, ohne den Blick vom Fernseher zu nehmen. Agathe schüttelte nur ihren Kopf. Sie war traurig.

Als Agathe an diesem Abend im Bett lag, dachte sie an den lieben Gott. Vielleicht könnte der ihrem Mann helfen. Sie betete: „Lieber Gott, bitte hilf meinem Rüdiger. Er weiß nichts mehr mit seinem Leben anzufangen. Den ganzen Tag schaut er nur noch Kochsendungen. Das macht mich ganz krank – und ihn auch. Draußen ist Frühling und die Bäume werden wieder grün. Doch Rüdiger bekommt von allem nichts mit. Lieber Gott, hilf uns beiden!"

Der liebe Gott muss großes Verständnis für Agathe und Rüdiger gehabt haben. Denn schon am nächsten

Tag geschah ein Wunder. Am Kühlschrank hing ein großer Zettel. Mit dicken Buchstaben stand darauf:

Menükarte für Donnerstag
Vorspeise: Tomatensuppe
Hauptgericht: Gulasch mit Kartoffeln und Rotkohl
Nachtisch: Vanillepudding

Und darunter stand noch: *„Alles in Butter, liebe Agathe. Ich bin wieder der Alte. Ab sofort gibt es jeden Tag eine neue Menükarte. Ich werde nun immer für dich kochen. Rüdiger“*

„Danke, lieber Gott“, sagte Agathe sichtlich ergriffen. Dann freute sie sich auf das leckere Essen, das ihr Mann kochen wollte.

Auf der Sommerwiese

Der Mond stand hoch am Himmel. Opa Lothar saß am Bett seines Enkels.

„Erzähl mir eine Geschichte, Opa. Eine Geschichte von früher, als du noch ein Kind warst“, bat ihn der kleine Paul.

Opa Lothar überlegte kurz und begann dann zu erzählen. „Ja, gerne, und da fällt mir auch gleich was ein. Als ich etwa sechs Jahre alt war, da ging ich sehr gerne an den Bach gleich hinter unserem Haus. Ich liebte den Sommer. Kurze Hosen, ein kurzärmeliges Hemd und

Sandalen, mehr brauchte man nicht anzuziehen. Die Natur war voller Leben. Ich war übrigens Spezialist im Fröschefangen. Manchmal legte ich mich lang und flach auf der Wiese auf die Lauer. Dann konnte ich alles gut beobachten. Ganz leise war ich, damit ich von keinem entdeckt wurde. Eine Sommerwiese riecht übrigens wunderbar, weißt du das?

Eines Nachmittags beobachtete ich eine Bachstelze, die mich auch nicht bemerkte. Sie stelzte über die Wiese, pickte hier und da ein bisschen und ihr Schwanz wippte immer auf und ab. Dann zwitscherte sie. Plötzlich kam unser Kater auf leisen Sohlen angeschlichen. Ich befürchtete das Schlimmste, blieb aber ruhig liegen.

Der Kater sprang plötzlich vorwärts und wollte sich die Bachstelze schnappen. Ich erschrak fürchterlich. Doch die Bachstelze flog auf und setzte sich auf einen Stein im Bach. Sie wippte wieder mit dem Schwanz und trank ein Tröpfchen Wasser. Ich atmete auf, blieb aber auf der Lauer.

Unser Kater gab noch nicht auf. Wieder schlich er sich auf leisen Pfoten an. Ich hielt die Luft an. Plötzlich sprang der Kater erneut vorwärts. Doch die Bachstelze flog blitzschnell hoch und setzte sich auf einen Baum. Munter zwitscherte sie und wippte dabei mit ihrem Schwänzchen. Der Kater allerdings war bei seinem Sprung in den Bach gefallen. Pitschnass kam er aus dem Wasser und rief laut: ‚Miau, miau!‘ Wütend setzte er sich unter den Baum.

Ich lag immer noch auf der Lauer und beobachtete die beiden. Plötzlich machte es – plitsch! Die Bachstelze hatte ein Häufchen fallen lassen. Und das landete genau auf dem Kopf des Katers. Na, der hat vielleicht dumm geguckt. Wie ein Blitz ist er nach Hause gerannt. Dort hat er sich dann drei volle Stunden geputzt.

Die Bachstelze aber ist wieder über die duftende Sommerwiese gelaufen und hat nach Futter gesucht. Die Geschichte ist also noch mal gut ausgegangen. Niemand ist zu Schaden gekommen", meinte Opa Lothar zum Abschluss.

„Danke, Opa, das war eine schöne Geschichte", sagte der kleine Paul. „Und gut, dass dem Vogel nichts passiert ist. Sonst könnte ich jetzt nicht schlafen." Er drehte sich um und war bald eingeschlafen.

Opa Lothar aber dachte noch lange an die Geschichte mit der Bachstelze. Plötzlich hatte er große Lust, sich wieder einmal auf einer duftenden Sommerwiese auf die Lauer zu legen.

Die Bergwanderung

Im Sommer zog es die Seidels immer wieder in die Berge. Wenn das Wetter klar und sonnig war, dann sahen die Berge so malerisch aus! Frau Seidel liebte die Berge und Herr Seidel liebte das Sesselliftfahren. Jahr für Jahr reisten sie im Sommer in denselben Ort und mieteten sich ein Zimmer in einer kleinen Pension.

Gleich am ersten Urlaubstag nahmen Herr und Frau Seidel ihre Wanderstöcke und los ging es. Sie wollten bis zum Gipfel eines Berges wandern. Von dort oben hatte man eine herrliche Aussicht. Man konnte seinen Blick über die Berge schweifen lassen und bis in die Täler schauen. Es gab dort auch eine Alm, wo man sich mit einer kleinen Mahlzeit stärken konnte. Die Wanderung war wunderschön, aber auch sehr lang. Daher machten sich die beiden früh am Morgen auf den Weg.

Mit dem Sessellift sollte es in die Höhe gehen. Schwupps, saß Herr Seidel im ersten freien Sessel und wurde vorwärtsgetragen. Schwupps, saß auch Frau Seidel gleich im nächsten Sessel. Nun ging es bequem aufwärts. Unter ihren Füßen sahen sie die Tannenspitzen. Ein Wildbach rauschte den Berg hinab. Auf einer Weide grasten einige Kühe. Hoch oben über ihren Köpfen zog ein Adler seine Runden. Und über allem lachte die warme Sommersonne.

Oben auf dem Berg angekommen, mussten die Seidels aus ihren Sitzen herausspringen. War man nicht schnell genug, fuhr man gleich wieder zurück ins Tal. Aber Herr und Frau Seidel wussten ja, wie man mit dem Sessellift fährt.

Auf der Alm ließen sie es sich unter freiem Himmel schmecken. Es gab Käse und Milch, Brot, Schinken und Bier. Die schöne Aussicht gab es gratis dazu. Ziegen liefen frei herum und bettelten um ein paar leckere Bröckchen.

Die Sonne stand hoch am Himmel, als es wieder zurückgehen sollte. Frau Seidel wollte zu Fuß gehen und Herr Seidel fügte sich mürrisch. Er trottete hinter seiner Frau her. Ab und zu warf er einen wehmütigen Blick zu dem Sessellift, der über ihren Köpfen fuhr.

Nach einer Weile sagte Herr Seidel: „Ich nehme eine Abkürzung!"

Frau Seidel erschrak und sagte: „Wir sollten lieber gemeinsam auf dem Wanderweg bleiben. Es ist viel zu gefährlich, eine Abkürzung zu nehmen."

„Das dauert mir zu lange. Nun sei mal nicht so ängstlich. Was soll schon passieren?", meinte Herr Seidel.

„Dann geh du mal alleine. Ich halte mich an den Wanderweg", sagte Frau Seidel entschlossen. Und ehe sie sich versah, hatte ihr Mann sich einen Weg durchs Gebüsch gebahnt und war verschwunden. Bald war er auch nicht mehr zu hören. Frau Seidel setzte kopfschüttelnd ihren Weg fort.

Herr Seidel kämpfte sich durch dichtes Gebüsch. Äste schlugen ihm ins Gesicht. Dann stolperte er über Stock und Stein und merkte nicht, dass er auf einen Abhang zulief. Und so kam es, wie es kommen musste. Herr Seidel rutschte ab und konnte sich nicht mehr festhalten. Er rutschte und rutschte und rutschte ... auf seinem Hosenboden den Hang hinunter, bis er schließlich auf einer Wiese landete. Platsch!, machte es und er merkte, dass er in etwas Feuchtem saß. Es war braun und stank furchtbar. Ach du Schreck! Herr Seidel war in einem Kuhfladen gelandet. Da saß er nun und schaute dumm aus der Wäsche.

In diesem Moment hörte er jemand lachen. Seine Frau, die auf dem Wanderweg geblieben war, kam direkt auf ihn zu.

Herr Seidel verzog keine Miene, aber er ärgerte sich, dass seine Frau genauso schnell angekommen war wie er. Die Abkürzung hatte ihm gar nichts gebracht – außer einem Haufen Kuhmist an der Hose. Im Geheimen schwor er sich: Ich werde nie wieder einen Wanderweg verlassen.

Kirschkernspucken auf dem Markt

Sommerzeit ist Kirschenzeit. Wenn die Sonne warm scheint, können im Juni und Juli die süßen, saftigen roten Kirschen gepflückt werden. Dann will jeder, ob jung oder alt, Kirschen essen. Auf dem Wochenmarkt herrscht Hochbetrieb am Obststand. Die Kirschen werden in braune Papiertüten gefüllt und so mancher fängt gleich an zu naschen.

Auch Konrad kam an einem schönen Sommertag auf den Markt. Er wartete gerade am Stand auf seine Kirschen, da bemerkte er neben sich einen Mann. Und dieser Mann kam ihm sehr bekannt vor. Plötzlich fiel bei Konrad der Groschen und er rief: „Heribert? Heribert, bist du es?“

„Ja, das bin ich. Moment mal, bist du der Konrad?“, antwortete der andere. Und es dauerte keine zwei Sekunden, da lagen sich die beiden Männer in den Armen. Sie waren vor vielen Jahren gute Freunde gewesen, doch später hatten sie sich aus den Augen verloren. Das kommt ja vor. Doch nun – vielleicht war es vom lieben Gott so vorgesehen? – trafen sie sich am Wochenmarkt wieder. Beide hatten Kirschen gekauft und nahmen nun ihre Tüten entgegen.

Sie sahen sich an, lachten und sagten beide wie aus der Pistole geschossen: „Weißt du noch?“

Konrad sagte: „Wie könnte ich das vergessen? Schließlich haben wir damit mächtig bei den Mädchen angegeben. Ich konnte die Kirschkerne am weitesten spucken!“

„Dafür konnte ich die Kerne wie am Fließband herausspucken“, meinte Heribert stolz. Beide sahen sich grinsend an und hatten denselben Gedanken.

„Sollen wir?“

Der Marktstand lag am Rande des Marktplatzes. Gleich hinter dem Stand war ein Gehweg und davor eine Straße. Die beiden Männer gingen bis zum Gehweg, blieben dort stehen und griffen in die Tüte. Eine dicke rote Kirsche wanderte in Konrads Mund. Er kaute, schluckte und hatte dann nur noch den Kern im Mund. Konrad schob ihn auf die Zunge und stellte sich in Position. Um viel Schwung zu bekommen, bewegte er den Oberkörper erst nach hinten und dann mit einem Ruck nach vorne. Dabei spuckte er den Kirschkern aus. Der Kirschkern flog in hohem Bogen bis ans Ende des Gehweges.

„Mannomann, ganz schön weit! Damals hast du die kleine Maria mit den blonden Zöpfen beeindrucken wollen. Aber nun bin ich dran“, sagte Heribert. Er stopfte sich eine Handvoll Kirschen in den Mund. Heribert kaute, schluckte und sammelte die Steine auf der Zunge. Auch er holte mächtig Schwung und begann zu spucken. Plopp, plopp, plopp, plopp … Alle Kirschkerne flogen nacheinander heraus. Sie landeten ebenfalls am Ende des Gehweges.

„Mensch, du hast es tatsächlich noch drauf!“, rief Konrad staunend. Jetzt spuckten sie immer abwechselnd. Jeder versuchte, der Beste zu sein.

Da rief plötzlich eine tiefe Stimme: „So geht das aber nicht, meine Herren! Das ist Verschmutzung eines Gehweges. Und was soll das überhaupt, meine Herren?“ Es war ein Polizist.

Heribert und Konrad hielten dem Polizeibeamten ihre Tüten entgegen. „Probieren Sie mal!“, meinte Konrad.

Kurz darauf spuckte der Polizist mit den beiden Freunden um die Wette. Wer der beste Kirschkernspucker war, ließ sich nicht festzustellen. Jeder war auf seine Art gut und hatte seine eigene Technik.

Der Polizist meinte nur noch: „Je oller, je doller!“ Und damit hatte er wohl recht.

Die unzufriedene Kuh

Der Bauer hatte seine elf braunen Kühe auf die grüne Wiese hinter seinem Haus getrieben. Hier wuchsen saftiger Klee, Löwenzahn und so manches schmackhafte Gänseblümchen. Ein Wassertrog stand unter einem großen Baum, der Schatten spendete. Hier mussten sich die Kühe einfach wohlfühlen. Der Bauer wusste: Dann gaben sie auch gute Milch.

Zehn von den elf braunen Kühen waren glücklich. Es war alles ganz nach ihrem Geschmack. Den ganzen Tag durften sie saftiges Gras fressen und verdauen. Das war ihr Leben. Und jeder weiß, dass es nichts Besseres für Kühe gibt. Jedes Kind weiß, dass Kühe Gras fressen.

Nicht so die elfte Kuh. Die hielt sich für etwas Besseres und fand das Gras langweilig. Sie meinte: „Immer nur Gras. Ich will etwas anderes fressen. Sicher gibt es noch schmackhaftere Dinge."

Die anderen zehn Kühe lachten. Sie erklärten der elften Kuh, dass Kühe nun mal nichts anderes als Gras fressen.

„Pah!", meinte sie. „Ihr werdet schon sehen." Dann schlüpfte sie durch eine offene Stelle am Weidezaun. Hoch erhobenen Hauptes marschierte sie in Richtung Bauernhaus.

Die Bäuerin hatte gerade Waschtag. Auf der Leine im Garten hingen Schlüpfer, Hemdchen, Nachthemden und Küchentücher zum Trocknen. Die Kuh lief neugierig auf die Leine zu und machte einen langen Hals. Dann zog sie einen Schlüpfer von der Leine und kaute auf ihm herum. Der Schlüpfer roch nach Waschpulver und schmeckte der Kuh überhaupt nicht. Aber das konnte sie natürlich nicht zugeben. Sie wurde ja von den anderen Kühen beobachtet. Darum rief sie nur: „Lecker!“

Die zehn Kühe auf der Weide lachten.

Stolz schritt die elfte Kuh zu einem Gebüsch. Dort lag ein alter Schuhkarton. Die Kuh biss hinein. Sie kaute und kaute, bis sie eine Pappmasse im Maul hatte. Nun bekam sie die Zähne nicht mehr auseinander. Heimlich spuckte sie alles wieder aus.

„Hm, lecker, das sind vielleicht gute Knabbereien“, rief sie zur Weide hinüber.

Dann entdeckte sie ein Paar grüne Gummistiefel. „Die sehen aber appetitlich aus“, murmelte sie und biss in einen der Stiefel. „Igitt, was ist das denn?“, schimpfte sie und spuckte im hohen Bogen alles wieder aus.

In der Ferne rief eine der anderen Kühe: „Na, schmeckt es immer noch?“

„Natürlich, hier ist das Beste gerade gut genug für mich!“, rief die elfte Kuh zurück.

Schließlich sah sie einen Eimer mit Schweinefutter. Sie tauchte ihr Kuhmaul tief in den Eimer und fraß von dem Schweinefutter, bis der Eimer halb leer war. Es dauerte keine zwei Minuten, da begann es in ihrem Bauch zu grummeln und zu grollen. Die Kuh musste rülpsen und pupsen. O wie peinlich! Die Kuh schämte sich und schlich zurück zu ihrer Weide. Es war schon Mittag und die Sonne schien heiß vom Himmel.

„O nein, das Schweinefutter gärt in mir", sagte die Kuh und legte sich erschöpft unter den großen Baum. Dann schlief sie ein.

Erst am Abend wurde sie wieder wach. Die anderen Kühe grasten vergnügt und fraßen leckere Pusteblumen. Eine Kuh meinte: „Ja, meine Liebe, Hochmut kommt vor dem Fall. Das hast du nun davon. Wärst du bei uns geblieben und hättest Gras gefressen, wäre das nicht passiert!"

Das sah die elfte Kuh ein. Als es ihr ein bisschen besser ging, stand sie auf. Sie fraß fortan wieder Gras, Klee und Gänseblümchen, wie es sich für eine Kuh gehört.

Vater und Sohn

Es war Herbst geworden. Die Bäume hatten bunte Blätter bekommen und leuchteten in der Sonne. Wunderschön sah das aus. Später blies der Wind die roten und gelben Blätter von den Zweigen. Sie wirbelten durch die Luft und lagen schließlich auf allen Straßen und Wegen und im Garten. Es raschelte und knackte, wenn man über das trockene Laub lief. Nun waren die Bäume kahl und warteten geduldig auf den Frühling.

Der Vater saß gemütlich in seinem Fernsehsessel. Er hatte sich ein Pfeifchen angezündet. Endlich Feierabend! Er wollte gerade zur Zeitung greifen, als sein

Sohn das Zimmer betrat. Erwartungsvoll schaute er ihm entgegen. Der Sohn setzte sich auf den Sesselrand und sagte: „Vater, ich wollte mir meinen Lohn abholen."

„Deinen Lohn? Was meinst du damit?", fragte der Vater erstaunt.

Da holte der Sohn einen Zettel hervor und begann vorzulesen: „Einmal Laub fegen, das macht eine Mark. Dein Auto gewaschen, das macht zwei Mark. War viel Arbeit. Für dich zum Kaufmann gegangen und Tabak für dein Pfeifchen geholt, das macht fünfzig Pfennig. Mein Bett selbst gemacht, macht auch fünfzig Pfennig. Eine Eins im Diktat geschrieben, macht zwei Mark. Brüderchen vom Kindergarten abgeholt, das macht zwei Mark. Zusammen macht das acht Mark." Erwartungsvoll sah der Sohn seinen Vater an.

Der Vater staunte über diese Rechnung und er wurde nachdenklich. Ihm kamen gerade tausend Erinnerungen. Und nach einer ganzen Weile begann er zu sprechen.

„Ich habe dir früher Geschichten erzählt und dafür keinen Pfennig genommen. Ich habe dir das Fahrradfahren beigebracht und dafür keinen Pfennig genommen. Ich habe für dich so manches Spielzeug repariert und dafür keinen Pfennig genommen. Ich habe dich von der Schule abgeholt und dafür keinen Pfennig genommen. Ich bin mit dir in den Zoo gefahren und wieder hat es dich keinen Pfennig gekostet."

Der Sohn begriff und ihm standen die Tränen in den

Augen, als er sagte: „Schon gut, es ist alles bezahlt. Du bist der beste Vater auf der Welt."

„Ja, ja", meinte der Vater schmunzelnd. „Vater werden ist nicht schwer, Vater sein dagegen sehr!"

Endlich lange Hosen

Es war Dezember und der Winter zeigte sich von seiner eisig kalten Seite. Schnee war noch nicht gefallen, aber die Luft war bitterkalt. Oft regnete es und dann gefror der Regen auf den Wegen und Straßen. Dann mussten die Menschen aufpassen, denn es war glatt.

Helene erinnert sich nur zu gut an diesen kalten Winter. Sie war gerade fünfzehn Jahre alt geworden und hatte eine Lehrstelle als Verkäuferin. Jeden Morgen musste sie bis zu ihrer Arbeitsstelle gute fünf Kilometer laufen. Und das in Holzpantinen und mit nicht gerade winterfester Kleidung. Helene war die Älteste von sechs Kindern und darum hatte es nicht für ein Paar ordentliche Winterschuhe gereicht. Das Geld war knapp und man musste tragen, was da war.

Eines Abends kehrte Helene von der Arbeit heim. Sie war durchgefroren und sagte zur Mutter: „Mir ist so entsetzlich kalt. Kannst du mir nicht ein Paar Hosen nähen? Dann wären wenigstens meine Beine warm."

Die Mutter staunte über diesen Wunsch, denn damals

war es noch gar nicht üblich, dass Frauen Hosen trugen. Sie fragte: „Wie meinst du das, Helene?“

„Ganz einfach: Ich möchte gerne so eine Hose, wie die Männer sie tragen. Die haben es jetzt gut und brauchen nicht zu frieren“, antwortete Helene.

„Aha. Soso, hmm …“, murmelte die Mutter und dachte angestrengt nach. Woraus sollte sie eine Hose nähen? Ein neuer Stoff wäre viel zu teuer. Aber Helenes Idee war gut. Da fiel der Mutter etwas ein.

Aus einer Truhe kramte sie eine alte Wolldecke hervor. Mit einer großen Schere begann die Mutter die Decke zu zerschneiden. Es dauerte zwei Tage, dann war die Hose fertig. Stolz überreichte die Mutter ihrer Tochter die Hose aus der Wolldecke.

Helene freute sich und sagte: „Endlich lange Hosen!“ Obwohl sie im Stillen dachte: Merkwürdig sieht die Hose doch aus. Man kann ja das Muster der Decke noch erkennen. Egal – Helene zog die Hose gleich am nächsten Morgen an. So war es ihr auf dem Weg zur Arbeit angenehm warm.

Nach einem langen Arbeitstag machte sich Helene am Abend wieder auf den Heimweg. Dunkle Wolken waren aufgezogen und es dauerte nicht lange, da fing es an zu regnen. Einen Schirm besaß Helene nicht, daher wurde sie mit der Zeit klitschnass. Die Wolldeckenhose sog allmählich das Wasser auf und wurde immer schwerer. Als Helene zu Hause ankam, konnte sie kaum noch richtig laufen. Sie wankte wie ein Seemann auf einem Schiff bei starkem Wellengang.

Sie meinte: „Die Hose wiegt mindestens einen Zentner." Die Wolldeckenhose tropfte und hinterließ sofort eine Pfütze. Drei Tage brauchte die Hose, bis sie wieder richtig trocken war. Dann konnte Helene sie wieder anziehen. Den ganzen Winter trug sie diese Hose und war dankbar dafür.

Heute muss Helene darüber lachen. Ein paar Jahre später war es gar nicht mehr ungewöhnlich, dass Frauen Hosen trugen. Helene trägt heute sehr gerne Hosen. Im Winter wärmen sie und im Sommer bekommt man keinen Sonnenbrand auf den Beinen. Und sie sind sehr bequem. Heute ist die Hose für die Dame selbstverständlich.

Der Pfarrer und der Taschendieb

Im Winter, wenn es früh dunkel wird, treiben sich die Langfinger herum. Besonders beliebt ist die Adventszeit, wenn die Menschen unterwegs sind, um Weihnachtseinkäufe zu erledigen. Dann sind die Wohnungen unbewacht und die Diebe wissen das. Doch auch auf den Straßen haben Taschendiebe ein leichtes Spiel. Viele Menschen stecken nämlich ihre Geldbörse einfach in die Manteltasche.

Eines Tages trieb es einen Taschendieb in die Kirche. Er wollte alle seine Sünden beichten. Unzählige Diebstähle hatte er auf dem Gewissen, doch nun wollte er ehrlich leben. Der Pfarrer freute sich sehr, dass ein reuiger Sünder zu ihm fand. Er bot ihm Platz an. Doch wie der Dieb so vor dem Pfarrer saß und einen Diebstahl nach dem anderen zugab, da juckte es ihn schon wieder in den Fingern.

An der Jacke des Pfarrers erblickte er nämlich eine wertvolle Taschenuhr mit einer goldenen Kette daran. Der Taschendieb konnte es einfach nicht lassen: Ohne dass der Pfarrer es bemerkte, klaute der Dieb ihm seine Taschenuhr.

So kam es, dass er an sein sowieso schon langes Sündenbekenntnis gleich noch etwas anhängen musste. Er beichtete: „Und dann habe ich auch noch eine Taschenuhr gestohlen."

Der Pfarrer sagte: „Sie müssen die Taschenuhr natürlich dem Eigentümer zurückgeben."

Der Taschendieb seufzte: „In Gottes Namen, nehmen Sie die Uhr!" Er wollte dem Pfarrer die Uhr reichen, aber der wehrte gleich ab. „Nein, nein, ich will sie nicht! Dem Eigentümer müssen Sie die Uhr geben."

Da sagte der Taschendieb: „Ja, aber das habe ich bereits versucht!"

Der Pfarrer belehrte ihn noch einmal: „Dann versuchen Sie es noch einmal! Es ist sehr wichtig, mein Sohn, für die Vergebung der Sünden!"

Der Taschendieb nickte verständnisvoll mit dem Kopf und hielt dem Pfarrer noch einmal die Taschenuhr unter die Nase. „Hier, nehmen Sie die Uhr!"

„Nein, ich will die Uhr nicht“, antwortete der Pfarrer.

„Doch, bitte!“, flehte der Taschendieb.

Der Pfarrer schob die Hand des Taschendiebs beiseite. „Verstehen Sie doch endlich: Ich will die Uhr nicht! Geben Sie sie dem Eigentümer!“

Da sagte der Dieb: „Ich habe es versucht, aber der Eigentümer will die Uhr nicht zurück.“

„Ach“, meinte der Pfarrer, „das ist etwas anderes. Wenn das so ist, dann dürfen Sie die Uhr behalten!“

Der Taschendieb schmunzelte spitzbübisch und erhob sich. „Dann vielen Dank, Herr Pfarrer!“

„Mir brauchen Sie nicht zu danken, mir nicht“, sagte der Pfarrer.

„Doch, doch“, widersprach der Taschendieb und lief dann eilig davon.

Zufrieden sah der Pfarrer ihm hinterher und murmelte: „Und wieder ist eine Seele gerettet.“ Dann wollte er auf die Uhr sehen, es war sicherlich schon Mittagszeit. Doch was war das? Wo war seine kostbare Taschenuhr?

„So ein Spitzbube!“, rief der Pfarrer.

Die Uhr war fort. Und der Taschendieb brauchte noch nicht einmal ein schlechtes Gewissen zu haben. Schließlich hatte der Pfarrer dem Dieb die Uhr geschenkt. Und geschenkt ist geschenkt!

Wenn's dem Esel zu wohl ist …

Es war Winter geworden. Von den Dächern hingen lange Eiszapfen und die Äste der Bäume bogen sich unter der Schneelast. Die Wälder und Felder lagen unter einem weißen Teppich, denn es schneite ohne Unterlass. Am liebsten wollte man in der warmen Stube bleiben, gemütlich eingekuschelt in eine warme Decke. Aber natürlich kann man nicht den ganzen Tag im Zimmer sitzen. Man muss ja auch mal an die frische Luft.

So dachte auch Edeltraut, als sie eines Mittags zu ihrem Mann sagte: „Hans-Werner, heute gehen wir spazieren. Wir ziehen uns dick an und drehen eine schöne Runde durch den verschneiten Park."

Hans-Werner schien von dem Vorschlag gar nicht begeistert zu sein. Er meinte: „Edeltraut, draußen ist es mir zu kalt."

„Ach was!", sagte Edeltraut resolut. „Mit Handschuhen, einem dicken Schal und deiner wollenen Pudelmütze bist du warm eingepackt. Also los, kein Gemaule, erheb dich!"

Kurze Zeit später stapften die beiden in ihren dicken Winterstiefeln los. Der Schnee knirschte unter den Sohlen und stellenweise war es ganz schön glatt. Im Park machten einige Kinder eine Schneeballschlacht. Andere zogen ihre Schlitten einen Hügel hinauf und wieder andere Kinder bauten einen großen Schneemann.

Edeltraut und Hans-Werner kamen an einen Teich, der schon zugefroren war. Eine weiße Eisdecke war zu sehen. Hans-Werner blieb stehen. Nachdenklich schaute er auf die Eisdecke und plötzlich begannen seine Augen zu leuchten. Leise sagte er: „Ich will es einmal wagen, das Eis wird mich wohl tragen."

„Bist du verrückt geworden?", rief Edeltraut erschrocken. „Hier steht doch ganz groß auf dem Schild: ‚Betreten der Eisfläche verboten!'"

„Es hat heut Nacht wieder gefroren, die Eisdecke ist sicherlich dick genug", brummte Hans-Werner. Er machte einen Schritt auf das Eis.

„Vorsicht!", mahnte Edeltraut. Aber da stand Hans-Werner schon auf dem zugefrorenen Teich. Mit seinen dicken Stiefeln stampfte er auf der Eisfläche herum.

„Siehst du, Edeltraut, es trägt mich", rief er freudig. Hans-Werner schlitterte ein wenig. „Komm auch aufs Eis, Edeltraut."

„Nein, das ist mir zu gefährlich", meinte seine Frau.

Hans-Werner stampfte noch einmal mit den Füßen auf, um ihr zu beweisen, dass das Eis dick genug war. Doch da hörte man ein leises Knacken. Hans-Werner blieb wie angewurzelt stehen. Es knackte noch einmal, und dann knackte es verdächtig laut.

Edeltraut rief: „Komm zurück!", aber da war es schon passiert. Das Eis brach und Hans-Werner stand bis zu den Hüften im eiskalten Wasser.

Erschrocken brüllte er: „Hilf mir, Edeltraut! Sonst muss ich ertrinken!" Er zappelte wie ein Fisch und schrie immer wieder: „Hilfe! Hilfe!"

Edeltraut rief: „Hans-Werner, der Teich ist nicht tief!

Du kannst stehen und selber herauskommen. Zwei Schritte, und du bist am Ufer!“

„Ach so, das muss einem ja gesagt werden“, sagte Hans-Werner und kletterte aus dem kalten Wasser heraus. Nun ging es schleunigst nach Hause. Hans-Werner war durchgefroren und musste erst mal trockene Sachen anziehen.

Am nächsten Tag hatte er einen ordentlichen Schnupfen. Aber Edeltraut zeigte kein großes Mitleid. Sie meinte nur: „Wenn's dem Esel zu wohl ist, geht er aufs Eis. Und jetzt sag nicht, dass ich dich nicht gewarnt hätte.“

„Das nächste Mal höre ich besser auf dich! Und glaubst du wirklich, dass ich ein Esel bin? Oder nimmst du das vielleicht zurück?“, fragte Hans-Werner.

„Nein, einmal Esel, immer Esel“, sagte Edeltraut lachend. Aber sie meinte es nicht so.

Die Heinzelmännchen

War das ein strenger Winter! Das kleine Dorf, in dem der Schneider Böckelmann wohnte, war völlig eingeschneit. Alles war weiß, so weit das Auge blicken konnte. Schneider Böckelmann saß frierend am Schneidertisch. In seinem kleinen Ofen knisterte ein Feuer. Doch es war nicht groß genug, um die ganze Schneiderstube zu wärmen. Herrn Böckelmanns Finger waren schon ganz steif gefroren.

Er schaute auf seine Arbeit und wurde traurig. Den neuen Gehrock würde er niemals rechtzeitig fertig bekommen. Mit den kalten Händen und den blau gefrorenen Fingerspitzen konnte er keine Nadel festhalten. Der Oberstudienrat würde sicherlich böse werden, wenn er seinen neuen Gehrock nicht pünktlich erhielt.

Am Abend verließ der Schneider seine Arbeitsstube und machte sich auf den Heimweg. Er legte sich sogleich ins Bett. Eine dicke Träne rollte an seiner Wange herunter. Er dachte: Wenn doch ein Wunder geschehen würde! Dies war sein letzter Gedanke vor dem Einschlafen.

In dieser Nacht hatte Schneider Böckelmann einen merkwürdigen Traum. Er träumte, dass einige kleine Männlein in seine Schneiderstube schwärmten. Frisch und fröhlich sprangen sie auf seinen Schneidertisch. Die Männlein schnitten und nähten, sie stickten und steppten, sie passten und fassten, sie zupften und bügelten, sie lachten und schwatzten. Und ehe man sich versah, lag der neue Gehrock fix und fertig genäht und frisch aufgebügelt auf dem Schneidertisch. Er war herrlich anzusehen. Die Heinzelmännchen allerdings waren genauso schnell wieder verschwunden, wie sie gekommen waren. Husch, waren sie fort! Man konnte nur noch kurz ein leises Kichern hören, dann war wieder alles ruhig.

Am nächsten Morgen wachte Schneider Böckelmann

auf und sagte: „Ach, war das ein schöner Traum! Wenn er nur wahr wäre! Aber Träume sind leider nur Schäume." Traurig stapfte er durch den hohen Schnee zu seiner Schneiderstube.

Kaum hatte er die Stube betreten, bekam er große Augen. Riesengroße Augen! Ja, was war denn das? Er lief zu seinem Schneidertisch und starrte auf den Gehrock. „Ein Wunder", rief er und konnte sein Glück kaum fassen. Schnell lief der Schneider los und brachte den Gehrock zu seinem neuen Besitzer, dem Oberstudienrat. Er bekam seinen Lohn und eilte zurück. Nun konnte er sich Brennholz kaufen und brauchte nicht mehr zu frieren. Und er konnte sich Brot und Käse kaufen und brauchte nicht mehr hungrig ins Bett zu gehen.

Dies alles geschah vor langer, langer Zeit, als die Menschen sich noch Märchen erzählten. Was der Schneider nicht wusste: Ihn hatten die Heinzelmännchen von Köln besucht. Dies war das allerletzte Mal, dass sie den Menschen halfen. Und es war eine große Ausnahme …

Eigentlich schade, oder?

Der Sparfuchs

Viele ältere Menschen sind Sparfüchse. Das hat die Zeit so mit sich gebracht. Denn da waren Zeiten, in denen es nicht viel zu kaufen gab, und das wenige, das es gab, war sehr teuer. Da musste man mit jedem Pfennig rechnen.

Theo war auch so ein Sparfuchs – aber er war ganz besonders knauserig. Bevor er ein Teil kaufte, verglich er überall die Preise. Und wenn er am Ende nur einen Pfennig gespart hatte … Hauptsache gespart! Er kaufte grundsätzlich nur Sonderangebote im Schlussverkauf. Und selbst dann rannte er noch von Geschäft zu Geschäft und überprüfte die herabgesetzten Preise.

Das war für seine Frau Tilda oft sehr unangenehm. Niemals konnte sie sich spontan ein Teil kaufen. Und wir wissen doch alle, wie schön es ist, etwas zu kaufen, das einem gut gefällt. Oft musste sie wochenlang warten, bis Theo endlich seine Zustimmung gab.

So wie im letzten Winter. Es war schrecklich kalt gewesen, die Temperaturen waren auf minus vier oder fünf Grad gesunken. Eiszapfen hingen an den Dächern und manchmal waren die Straßen spiegelglatt. Tilda brauchte dringend einen neuen Wintermantel. Der alte Mantel hatte ausgedient, er war ganz abgewetzt. Tilda hatte einen sehr schönen Mantel im Schaufenster gesehen und Theo davon erzählt.

„Wir vergleichen erst, ob es diesen Mantel in einem anderen Geschäft preiswerter gibt“, sagte er. Da wusste Tilda, dass es zwecklos war, noch einmal zu fragen. Sie verdrehte die Augen und fügte sich in ihr Schicksal. Allerdings gab es diesen schönen dicken Wintermantel, der auch noch einen Pelzkragen hatte, nirgendwo billiger.

Daraufhin sagte Theo fest entschlossen: „Wir warten bis zum Winterschlussverkauf!"

Schon Anfang Januar setzten die Geschäfte die Preise herab. Es war ein kalter Winter und die Händler versprachen sich noch gute Gewinne.

Tilda meinte erfreut: „Theo, der Mantel ist jetzt um die Hälfte billiger. Kaufen wir ihn jetzt?"

„Nein, nein, das ist noch viel zu früh. Die werden ihn noch mal herabsetzen", sagte Theo. Tilda traute sich nichts mehr zu sagen.

Ende Januar begann der Winterschlussverkauf. Der Mantel war noch einmal heruntergesetzt. Doch Theo sagte: „Wir warten bis zum Ende des Winterschlussverkaufs, dann bekommen wir ihn fast geschenkt." Tilda sagte nichts mehr.

Anfang Februar kamen schon die ersten Frühjahrsmodelle in die Schaufenster. Der Winterschlussverkauf war fast zu Ende. Tilda und Theo machten sich auf den Weg, um den Mantel endlich zu kaufen. Doch der Mantel war nicht mehr im Schaufenster und auch im Geschäft konnte Tilda ihn nicht entdecken. Eine Verkäuferin bestätigte ihr: Der Mantel war verkauft. Tilda war sprachlos. Traurig verließ sie das Geschäft.

Auf dem Heimweg fand sie ihre Sprache wieder. „Das haben wir jetzt von deiner Sparsamkeit, ach was, von deinem Geiz!", schimpfte sie. „Ein bisschen weniger

Geiz, und ich hätte jetzt einen schönen Mantel gehabt. Aber so gehe ich leer aus ..."

„Das war Pech, Tilda, aber damit muss man rechnen", versuchte Theo, sie zu trösten.

„Nein, das war kein Pech", sagte Tilda wütend, „das war Geiz! Aber das soll mir nicht mehr passieren, glaub mir. Wenn ich jetzt etwas Schönes sehe, dann kaufe ich es mir, ohne lange zu warten. Das Leben ist so kurz und ich möchte noch etwas davon haben!"

Kleinlaut ging Theo neben ihr her. Im Stillen dachte er: Sie hat ja recht!

Wenn das Leben rückwärtsginge

Der Herbst zeigte sich von seiner ungemütlichen Seite. Ein kalter Wind fegte durch die Straßen. Er rüttelte an den Fenstern und Türen und ließ das trockene Laub durch die Luft wirbeln. Wer nicht unbedingt aus dem Haus musste, blieb in der warmen Stube. Es war am besten, sich mit lustigen Spielen die Zeit zu vertreiben.

Großvater Jakob saß mit seiner Enkelin Susanne am Küchentisch. Ein heißer Kakao war jetzt genau das Richtige. Jakob überlegte, wie sie sich beschäftigen könnten. Plötzlich fiel ihm etwas ein.

Er sagte zu seiner Enkelin: „Im Leben geht ja alles vorwärts. Die Uhr läuft unentwegt weiter, das heißt, dass unsere Zeit stets vorwärtsgeht. Du wirst immer größer, die Blumen wachsen, ständig werden neue und bessere Sachen erfunden und höhere Häuser gebaut. Jeder will wohl in den Himmel. Weißt du was? Wir machen jetzt ein Spiel daraus."

Susanne wunderte sich: „Was soll denn das für ein Spiel sein?"

Großvater Jakob schmunzelte. „Wir stellen uns jetzt vor, dass alles rückwärtsläuft. Nicht vorwärts, sondern rückwärts. Zum Beispiel: Ich sage Brot. Nun müsste das Brot wieder zu Mehl werden. Das Mehl würde wieder zu Korn und das Korn müsste zurück auf das Getreidefeld. Und zum Schluss verschwindet das Getreide wieder in der Erde."

Susanne war begeistert und fragte: „Darf ich beginnen?"

„Gerne."

„Ich sage: Lehrer."

Der Großvater überlegte kurz, dann antwortete er: „Also, der Lehrer wird wieder zum Schüler. Der Schüler wird wieder ein Baby und das Baby wandert zurück in den Bauch der Mutter. Jetzt bin ich dran!" Großvater Jakob sagte: „Kuh."

Susanne lachte und sagte: „Die Kuh wird wieder zum Kalb und das Kalb geht auch zurück in den Bauch der Mutterkuh."

„Gut", meinte der Großvater.

Nun war wieder die Enkelin an der Reihe. Sie sagte: „Huhn."

Großvater Jakob antwortete: „Das Huhn wird wieder zum Küken, das Küken wandert zurück ins Ei. Und das Ei geht zurück ins Huhn. Und dieses Huhn wird auch wieder zum Küken …“

„Schon gut“, meinte Susanne.

Der Großvater lachte und sagte: „Stell dir vor, du isst gerade einen Löffel voll Erbsensuppe. Was passiert dann damit?“

„Die Erbsensuppe fällt mir wieder aus dem Mund zurück auf den Löffel, dann in den Topf, der auf dem Herd steht, und dann geht sie zurück in die Dose“, lachte Susanne.

Großvater schmunzelte und sagte: „Zum Glück passiert so etwas ja nicht. Der liebe Gott gibt acht, dass alles vorwärtsgeht.“

In der Zwischenzeit hatte sich das ungemütliche Herbstwetter gebessert. Darum schlug der Großvater vor, nach draußen zu gehen. „Nichts wie raus an die frische Luft! Die Herbstsonne lässt sich blicken. Gehen wir zum Spielplatz. Und passen wir dabei gut auf, dass wir auch vorwärtslaufen und nicht aus Versehen rückwärts“, sagte der Großvater und bog sich vor Lachen.

Ein bunter Drachen

Wenn der frische Herbstwind um die Häuserecken braust und die bunten Blätter von den Bäumen weht, dann ist es Zeit, auf die Stoppelfelder zu gehen, um einen bunten Drachen steigen zu lassen. Vorausgesetzt, man hat einen. Einen Drachen mit einem lustigen Gesicht und bunten Bändern, die im Wind flattern. Ja, wer so einen schönen Drachen besitzt, kann sich glücklich schätzen.

Der Vater hatte es sich gerade im Sessel gemütlich gemacht. Da kam der kleine Michael ins Zimmer. „Papa, baust du mit mir einen bunten Drachen?“, fragte der Junge.

„Ja, mein Sohn, gerne. Das ist eine gute Arbeit für Vater und Sohn. Gleich morgen werden wir alles dafür besorgen“, sagte der Vater. Er war stolz, dass sein Sohn ihn gefragt hatte.

„Wir müssen uns aber beeilen, denn der Wind bläst gerade so schön“, meinte der kleine Michael.

„Keine Angst, mein Sohn, der kräftige Herbstwind bläst noch den ganzen Herbst über“, sagte der Vater.

Am nächsten Tag, es war ein Samstag im Oktober, begannen Vater und Sohn mit dem Drachenbau. Leichte Holzleisten bildeten das Gestell. Eine feste Kordel verband die Ecken. Buntes Transparentpapier wurde daraufgespannt. Während sie arbeiteten, blies draußen der Wind und rüttelte an den Fensterläden.

„Unser Drachen wird sicher hoch am Himmel fliegen“, meinte der Vater.

Nach zwei Tagen war der Drachen fertig. Er hatte einen langen Schwanz mit vielen bunten Schleifen daran. Am Schluss malten sie noch zwei Augen und einen lachenden Mund auf den Drachen – damit sah er lustig aus.

„Morgen gehen wir hinaus aufs Stoppelfeld“, sagte der Vater.

„Und wenn kein Wind weht?“, fragte Michael.

„Warum sollte ausgerechnet morgen der Herbstwind nicht wehen?“, meinte der Vater und brachte seinen kleinen Sohn zu Bett.

Der nächste Tag war ein schöner, sonniger Herbsttag. Der goldene Oktober zeigte sich von seiner besten Seite: Die Sonne schien und es war absolut windstill. Kein Lüftchen regte sich!

Der kleine Michael war traurig und auch der Vater wollte es kaum glauben, dass den ganzen Tag kein Wind wehte. Und so blieb es auch in den nächsten Tagen. Nicht der kleinste Windhauch war zu spüren. Der Drachen blieb liegen und konnte nicht in die Lüfte steigen.

Nach einer Woche war immer noch kein Wind aufgekommen. Am Abend lag der kleine Michael im Bett. Da faltete er die Hände und betete. Er schwärmte dem lieben Gott von seinem bunten Drachen vor und erklärte ihm, dass er unbedingt Wind brauchte. Am Ende sagte er: „Bitte, lieber Gott, schick uns doch einen kräftigen Herbstwind, damit mein Drachen schön hoch steigen kann. Dann kannst du ihn gut sehen – und du darfst ihn sogar mal anfassen. Amen!“

Kaum war der kleine Michael am nächsten Morgen aufgewacht, lief er zum Fenster. Da war er, da blies er, da brauste er um die Häuserecken: der frische Herbstwind. Gleich nach dem Frühstück gingen der Vater und Michael hinaus aufs Stoppelfeld und ließen den schönen bunten Drachen steigen. Und er flog hoch hinauf in den Himmel – fast bis zum lieben Gott.

Ein blaues Wunder

„Erwin, Erwin", jammerte Alwine, „was bist du für ein fauler Sack. Den ganzen lieben langen Tag hängst du wie ein Sack Mehl nutzlos im Sessel herum. Du rostest noch ganz ein!"

„Was? Was hast du gesagt?", fragte Erwin.

„Jetzt tu nicht so, du hast mich sehr wohl verstanden. Hast du in den letzten Tagen mal aus dem Fenster geschaut? Der ganze Gehweg liegt voll mit vertrocknetem Laub. Wenn es jetzt regnet, wird es rutschig", sagte Alwine.

„Und was hab ich damit zu tun?", fragte Erwin.

„Du solltest die Blätter eigentlich auffegen. Wenn jemand ausrutscht und hinfällt und sich die Knochen bricht, dann bist du schuld", sagte Alwine streng.

Ächzend stand Erwin auf und schlurfte zum Fenster. Was er sah, gefiel ihm nicht. Ein stürmischer Wind fegte um die Häuserecken und wirbelte die Blätter durch die Luft. Das sah kalt und ungemütlich aus. Keine Frage, es war Herbst. Und der zeigte sich gerade von seiner trostlosesten Seite.

Alwine hat recht. Ich muss dringend Laub kehren. Ein bisschen Bewegung kann mir nicht schaden, dachte Erwin. Er brauchte noch einen kleinen Augenblick, dann kam seine Energie zurück.

„Alwine", rief er „gleich wirst du dein blaues Wunder erleben. Ich gehe kehren und du wirst staunen, wie beweglich dein alter Erwin noch ist."

„Da bin ich aber gespannt", meinte Alwine. Sie war zufrieden.

Eine Viertelstunde später ging Erwin nach draußen. Er war mit einer Harke, einem Rechen und einem Straßenbesen bewaffnet. Unter dem Arm klemmte ein großer Plastiksack für die aufgefegten Blätter. Alwine stand am Fenster und schüttelte den Kopf. Ihrer Meinung nach hätten ein Straßenbesen und der Sack ausgereicht.

Erwin machte sich sofort an die Arbeit. Die wenigen Haare, die er noch besaß, flogen im Wind hin und her. Er schaute kurz zum Himmel hoch, es sah nach Regen aus.

Den Rechen und die Harke legte er auf den Gehweg. Dann nahm er den Straßenbesen und begann zu fegen. Doch alle Blätter, die er zu einem Haufen fegen wollte, wurden vom Wind wieder hochgewirbelt. Sie tanzten um ihn herum und verteilten sich auf dem Weg.

Erwin rief: „Der Wind will mich necken, er fegt um alle Ecken! Doch nicht mit mir, nicht mit Erwin!" Er fegte schneller. Aber der Wind war hartnäckig und machte ihm die Arbeit schwer. Die Blätter flogen immer wieder in alle Himmelsrichtungen auseinander.

Erwin dachte nach. Vielleicht sollte er es einmal mit dem Rechen probieren. Und so legte er den Straßenbesen beiseite und hob den Rechen auf. Dabei machte er einen unglücklichen Schritt und trat genau auf die Zinken der Harke.

„Boooiiing!" Der Holzstiel der Harke schnellte hoch und prallte genau auf Erwins Hinterkopf. Das tat weh! „Autsch", schrie Erwin und fasste sich an den Schädel. Er beschloss, wieder ins Haus zu gehen.

„Ich brauche einen Eisbeutel zum Kühlen", rief er und ließ sich in den Sessel fallen.

Alwine grinste. „Das ist also das blaue Wunder, von dem du gesprochen hast. Nun ja, du bekommst eine dicke Beule, die sicherlich auch blau wird." Dann brachte sie ihrem Erwin einen Eisbeutel.

„Ich fege dann morgen", meinte Erwin.

Doch darauf wartete Alwine nicht mehr. Sie lief nun selbst hinaus und kehrte den Gehweg sauber.

Auf Schatzsuche an der Nordsee

Ein frischer, kühler Wind fegte durch die Straßen. Die Bäume hatten schon alle ihre Blätter verloren und der Himmel hing voller Wolken. Es sah nach Regen aus.

Hans Bernstein sagte zu seiner Frau: „Irma, pack die Koffer! Wir fahren an die Nordsee!“

Irma glaubte, sich verhört zu haben, und meinte: „Du machst wohl Scherze. *Wohin* willst du?“

„An die Nordsee“, antwortete Hans.

„Bei dem Wetter! Das ist doch viel zu kalt“, sagte Irma, die immer noch nicht glauben wollte, was sie da gerade gehört hatte.

„Ja, gerade bei dem Wetter! Ich möchte auf Schatzsuche gehen. Jetzt ist so gut wie kein Mensch am Strand und im Sand liegen all die wertvollen Dinge, die die Leute im Sommer verloren haben. Also pack die Koffer, wir fahren für eine Woche an die Nordsee. Ein Zimmer habe ich uns schon gebucht. Morgen geht es los“, sagte Hans Bernstein fest entschlossen.

Seine Frau fügte sich in ihr Schicksal und packte einen großen Koffer mit warmen Sachen.

Als die beiden am nächsten Morgen im Auto saßen, sagte Herr Bernstein: „Das Meer und der Strand rufen! Wir sollten beides nicht warten lassen. Auf geht's zur Nordsee!“

Vier Stunden später waren sie da. Sofort packte Hans sein Schatzsuchgerät aus. Es war ein sogenannter Detektor, mit dem man Metall aufspüren kann. Wenn der Apparat etwas Metallisches entdeckt, piepst er laut. Dann braucht man nur noch zu buddeln und kann den Schatz heben. So jedenfalls stellte Hans Bernstein sich das vor. Der Strand sollte möglichst menschenleer sein, damit niemand behaupten konnte, der Schatz würde ihm gehören. Darum war der Herbst ideal für eine Schatzsuche.

Der Wind blies ihnen scharf ins Gesicht, als sie zum Strand kamen. Irma hatte schon ganz rote Wangen. Hans reichte seiner Frau einen großen Stoffbeutel für die gefundenen Schätze. Er selbst schaltete sein Gerät ein und ging damit langsam über den Sandstrand. Meter für Meter suchte er mit dem Gerät ab. Irma lief hinterher.

Das Meerwasser schäumte, wenn es am Strand ankam. Es gab hohe Wellen und am Himmel zogen dunkle Sturmwolken auf.

„Mir ist kalt", sagte Irma.

„Mach dir warme Gedanken, Irma. Wenn wir später zurück sind, trinken wir einen heißen Tee", sagte ihr Mann. Dann piepste der Detektor.

„Ah, der erste Fund", meinte Hans und zog eine Schaufel aus der Jackentasche. Er fing an zu buddeln, bis er auf Metall stieß. Mit den Händen förderte er seinen Fund zutage. Es war ein Kronkorken, wie man ihn auf Bierflaschen findet. Irma bog sich vor Lachen.

Hans warf den Kronkorken weit von sich und suchte weiter. Etwa drei Meter weiter piepste das Gerät erneut. Der Sand war so nass, dass er ganz dunkel war. Das erschwerte das Buddeln mit der Schaufel, aber der

Fund war schon etwas größer. Hans holte eine leere Coladose aus dem Sand. Erneut bog sich Irma vor Lachen.

„Lach du nur, das kann ja mal passieren. Warte ab, der nächste Fund wird besser“, sagte Hans zuversichtlich. Und schon piepste es wieder. Diesmal war es ein alter Pfennig.

„Das ist doch mal ein Anfang“, seufzte Herr Bernstein. Aber er klang ein wenig enttäuscht.

„Vom Tellerwäscher zum Millionär“, neckte ihn Irma.

So vergingen die Stunden. An diesem Tag war leider kein Schatz dabei. Hans Bernstein suchte die ganze Woche lang jeden Tag unermüdlich weiter. Und Irma lief immer hinterher. Im Gesicht eine rote, kalte Nase und in der Tasche eine Thermoskanne mit heißem Tee.

Am Ende der Woche hatte Hans etwa zwanzig leere Coladosen, dreihundert Kronkorken und zwanzig Pfennigstücke gefunden. „Es ist gar nicht so einfach, einen Schatz zu finden“, murmelte er.

Am letzten Abend führte er seine Frau ganz groß zum Essen aus. Damit war Irma dann wieder versöhnt. Hans Bernstein aber nahm sich vor, die Schatzsuche in Zukunft anderen Leuten zu überlassen.

Herbstzeit ist Schnupfenzeit

Der alte Arzt Dr. Kreuzer war schon lange im Ruhestand. Die Leute aus dem Dorf hatten ihn liebevoll den Kräuterdoktor genannt, denn er verstand sehr viel von Heilpflanzen und Kräutern. Er fand immer das passende Kräutlein gegen alle möglichen Wehwehchen. Außerdem hatte er stets einen guten Rat parat – und so waren die meisten Patienten bereits geheilt, ehe sie wieder zu Hause waren.

Nun aber saß längst ein jüngerer Arzt auf seinem Stuhl. Der machte seine Sache gut, allerdings verstand er viel weniger von Kräutern.

Der alte Doktor Kreuzer wohnte immer noch im Dorf. Er hielt nichts von Pillen und ging auch selbst nie zum Arzt. Er heilte sich selbst mit Kamille, Melisse, Pfefferminze, Salbei, Baldrian und all den anderen Heilkräutern.

Aber in diesem Herbst hatte sich der alte Arzt bei der Kräuterpflege im Garten erkältet. Es hatte geregnet und er war nass geworden. Der kalte Wind hatte für den Rest gesorgt. Husten und eine triefende Nase, Gliederschmerzen und Halsweh waren das Ergebnis. Der alte Arzt musste das Bett hüten.

„Du musst zum Arzt“, mahnte ihn seine Frau Dutzende Male.

„Papperlapapp, ich bin Arzt. Herbstzeit ist Schnupfenzeit, dafür brauche ich keinen Pillendoktor. Gieß mir lieber eine Handvoll Pfefferminze in einer Schüssel auf.

Ich möchte inhalieren“, sagte der alte Arzt energisch. „Ach ja, und bring mir bitte ein Blatt Salbei, das ist gut gegen mein Halsweh.“

„Du brauchst richtige Medizin, wahrscheinlich sogar Penicillin!“, sagte seine Frau besorgt.

„Nein, und das ist mein letztes Wort!“

Seufzend tat seine Frau, was ihr Mann wünschte. Doch die Kräuter wollten nicht helfen. Es wurde nicht besser. Die Nase tropfte noch mehr, es kam Fieber dazu und der alte Arzt fühlte sich richtig krank. Draußen wirbelte der Wind die braunen Blätter durch die Luft. Der Wind rüttelte an den Fensterläden. Es war kalt geworden. Am liebsten wäre Doktor Kreuzer hinaus zu seinen Kräutern gegangen. Einige Pflanzen mussten unbedingt ins Warme, sonst drohte Fäule und sie würden eingehen. Doch er war viel zu schwach, um das Bett zu verlassen.

Es war ein Donnerstag, als am Vormittag der neue junge Arzt vorbeikam.

„Wer hat Sie denn gerufen? Sie können gleich wieder kehrtmachen“, sagte der alte Arzt.

„Niemand hat mich gerufen. Ich wollte Sie nur besuchen und fragen, ob Sie mich in der Kräuterheilkunde unterrichten“, sagte der junge Arzt.

„Ha ha haaatschi, haatschiiii!“, kam es zur Antwort. „Ich glaube, meine Kräuter versagen gerade“, krächzte Doktor Kreuzer.

„Das sehe ich. Machen Sie mal den Oberkörper frei“, meinte der junge Arzt.

Widerwillig zog der alte Arzt seine Schlafanzugjacke hoch und der junge Arzt horchte die Lunge ab.

„O weh, das sitzt aber richtig fest! Jetzt mal die Zunge raus und Aaaaa sagen."

„Aaaaa."

„O weh, ich schreibe Ihnen ein gutes Medikament auf. In zwei bis drei Tagen wird es Ihnen viel besser gehen."

„Gut, machen wir eine Ausnahme. Ich nehme die Pillen und sobald es mir besser geht, unterrichte ich Sie in der Kräuterheilkunde. Einverstanden?", sagte der alte Arzt.

„Sehr gerne, ich freue mich schon darauf", strahlte der junge Arzt. Doktor Kreuzer freute sich auf seinen Schüler.

Und siehe da, nach drei Tagen ging es ihm besser! Er musste zugeben, dass die Pillen doch nicht so schlecht waren. Der Kräuterunterricht konnte beginnen.

Lieschens neues Lieblingsspiel

Als Lieschen ein Kind war, war der Sommer ihre liebste Jahreszeit. Den ganzen Tag konnte sie im Garten spielen, barfuß laufen, herumtollen und neue Spiele entdecken. Die Sonne bräunte ihre Haut und die blonden Haare waren zu Zöpfen geflochten. Lieschen langweilte sich nie. Immer wieder fielen ihr neue Spiele ein. Die

Mutter hatte ihre liebe Not, Lieschen am Abend ins Bett zu bekommen.

Eines Samstags, es war am Nachmittag, hatte Lieschen mal wieder eine gute Idee. Sie wollte sich einen Bauernhof bauen mit einer Weide für die Kühe und Pferde. Außerdem wollte sie einen Bach dort fließen lassen, um ein Schiffchen fahren zu lassen. Und um den Hof herum sollte ein schöner Zaun sein, damit kein Tier fortlaufen konnte. Lieschen lief ins Haus, um alles zusammenzusuchen.

Es war ein prächtiger Sommertag, die Sonne schien warm von einem strahlend blauen Himmel. Summende Bienen waren unterwegs und sammelten den Nektar aus den bunten Sommerblumen. Die Blüten verströmten einen herrlich süßen Duft. Das gefiel Lieschen und sie begann, ihren Bauernhof zu bauen.

Erst sammelte sie kleine Stöckchen für den Zaun. Die steckte sie in die Erde. Sie baute ihre Tiere alle auf und betrachtete zufrieden ihr Werk. Dann kam das Schwierigste: der Bach. Lieschen grub mit den Händen einen Graben. Als der fertig war, lief sie zur Wassertonne und öffnete den kleinen Wasserhahn. Nun plätscherte munter das Wasser in den Graben. Langsam füllte sich der Graben und Lieschen setzte begeistert ihr Holzschiffchen aufs Wasser. Es schwamm lustig schwankend hin und her.

Plötzlich rief die Mutter aus dem Küchenfenster: „Lieschen, willst du einen Kakao trinken? Außerdem habe ich frischen Apfelkuchen." Das ließ sich Lieschen nicht zweimal sagen. Mh, Apfelkuchen, den wollte sie sich nicht entgehen lassen. Sie lief ins Haus. An das Wasser dachte sie überhaupt nicht mehr.

Aber das Wasser lief und lief – und der Graben wurde immer voller. So langsam wurde alles überschwemmt. Der Bach war bereits über die Ufer getreten, dann wurde die Weide unter Wasser gesetzt und alle Holztiere schwammen davon. Das Wasser lief weiter und weiter. Es spülte den Zaun weg und dann war alles nur noch eine große Schlammpfütze. Darin schwammen die kleinen Holzpferde, Holzkühe und Holzschweine von Lieschens Bauernhof.

Etwa dreißig Minuten später hatte Lieschen ihren Kakao getrunken und ein Stück Apfelkuchen gegessen. Frisch gestärkt kam sie wieder in den Garten und sah die Bescherung. Doch statt sich zu ärgern, sprang Lieschen munter in den Schlamm hinein. Sie stampfte und platschte mit den nackten Füßen und rief: „O wie herrlich, das ist ab heute mein Lieblingsspiel!“

Heute ist Lieschen siebzig Jahre alt. Sie erzählt ihren Kindern und Enkelkindern immer wieder gerne diese und andere Geschichten aus ihrer Jugend. Die Zuhörer lachen darüber und so manch einer lernt noch etwas dabei.

Wie Herr Winter Frau Sommer kennenlernte

Väterchen Frost war mit sibirischer Kälte ins Land gezogen. Stadt, Land und Fluss waren im Frost erstarrt. Von den Dächern hingen lange Eiszapfen. Die Bäume bogen sich unter der schweren Schneelast. Teiche waren zugefroren, alles schien stillzustehen. Auch die kleine Stadt, in der Herr Winter und Frau Sommer lebten, war mit einer dicken Schneedecke zugedeckt.

Herr Winter und Frau Sommer waren Nachbarn. Seit einem Jahr wohnten sie Haus an Haus, aber sie waren sich noch nie begegnet. Und so verpassten sie sich auch an einem Mittwochnachmittag.

Um sechzehn Uhr kam Frau Sommer nach Hause. Sie parkte ihr blaues Auto am Straßenrand vor dem Haus. Eilig schloss sie die Haustür auf und ging in die Wohnung, um sich aufzuwärmen.

Eine halbe Stunde später, also um sechzehn Uhr dreißig, kam Herr Winter nach Hause. Auch er hatte ein blaues Auto. Er parkte, genau wie Frau Sommer, am Straßenrand direkt vor dem Haus. Auch er lief eilig ins warme Haus. Bei der Kälte blieb niemand freiwillig draußen.

Herr Winter und Frau Sommer gingen an diesem Abend früh zu Bett. Frau Sommer träumte von einem großen starken Mann. Herr Winter träumte von einer schönen Frau. Und während alle Menschen friedlich in ihren Betten schliefen, schneite es ohne Unterlass. Stunde um Stunde fielen dicke Schneeflocken auf die

Erde herab. Sie deckten alles zu, was bisher noch nicht zugeschneit war. So auch die beiden Autos von Herrn Winter und Frau Sommer.

Am nächsten Morgen, als Herr Winter aus seinen Träumen erwachte, schickte er gleich ein Gebet zum lieben Gott. „Bitte, lieber Gott“, betete er, „lass mich doch eine schöne Frau finden. Ich bin ja so einsam.“

Und als Frau Sommer aus ihren Träumen erwachte, sagte sie: „Ach, lieber Gott, wenn ich doch einen starken Mann an meiner Seite hätte! Das wäre für mich der Himmel auf Erden.“

Um zehn Uhr verließ Herr Winter das Haus. Er starrte auf zwei große Schneeberge. Unter einem Schneeberg vermutete er sein Auto. Und genau an diesem Schneeberg begann er zu schaufeln. Er schaufelte und schaufelte und schaufelte. Langsam, aber sicher kam ein blaues Auto zum Vorschein.

Frau Sommer war inzwischen aus dem Haus gekommen. Sie beobachtete Herrn Winter eine Weile und begann zu schmunzeln. Als Herr Winter freudig rief: „Geschafft!“, ging sie zu ihm hin.

„Danke schön!“, sagte sie.

„Wieso?“, fragte Herr Winter verdutzt.

„Danke, dass Sie mein Auto freigeschaufelt haben“, sagte Frau Sommer.

„Wieso *Ihr* Auto? Das ist *mein* blaues Auto.“

„Nein, es ist *mein* blaues Auto. Ich erkenne es an meinem Schal, den ich gestern im Auto liegen gelassen habe“, sagte Frau Sommer.

Herr Winter spähte ins Auto. „Tatsächlich, das ist gar nicht mein Auto“, meinte er kopfschüttelnd.

„Steigen Sie ein“, sagte Frau Sommer, „es reicht ja, wenn *ein* Auto frei ist. Was halten Sie von einem zweiten Frühstück im Café? Ich lade Sie ein.“

„Gerne. Ich heiße Winter, so wie die Jahreszeit“, sagte Herr Winter.

„Ich bin Frau Sommer, ebenfalls wie die Jahreszeit.“ Beide lachten, als sie abfuhren. Es war der Beginn einer wunderbaren Freundschaft.

Von Ulrike Strätling lieferbar:

Als die Kaffeemühle streikte
Geschichten zum Vorlesen für Demenzkranke

Omas Kuchen ist der beste
Geschichten zum Vorlesen für Demenzkranke

Das schönste Lebkuchenhaus
Weihnachtsgeschichten zum Vorlesen für Demenzkranke

Heut machen wir ein Picknick
Wie-geht-was-Geschichten zum Vorlesen für Demenzkranke

Ein Glas voller Malzbonbons
Geschichten zum Vorlesen und Erinnern

Kaffeeduft und Sonnenschein
Neue Geschichten zum Vorlesen und Erinnern

Wie die Zeit vergeht
Geschichten zum Vorlesen für Menschen mit Demenz

Rosenduft und Sonnenschein
Natur- und Tiergeschichten zum Vorlesen (Bildband)